ENSINAMENTOS BÍBLICOS PARA O SUCESSO

Cesar Romão

ENSINAMENTOS BÍBLICOS PARA O SUCESSO

Reflexões e pensamentos que guiarão você para uma vida bem-sucedida

ALTA LIFE
EDITORA

Rio de Janeiro, 2020

Ensinamentos Bíblicos Para o Sucesso
Copyright © 2020 da Starlin Alta Editora e Consultoria Eireli. ISBN: 978-85-508-1655-5

Todos os direitos estão reservados e protegidos por Lei. Nenhuma parte deste livro, sem autorização prévia por escrito da editora, poderá ser reproduzida ou transmitida. A violação dos Direitos Autorais é crime estabelecido na Lei nº 9.610/98 e com punição de acordo com o artigo 184 do Código Penal.

A editora não se responsabiliza pelo conteúdo da obra, formulada exclusivamente pelo(s) autor(es).

Marcas Registradas: Todos os termos mencionados e reconhecidos como Marca Registrada e/ou Comercial são de responsabilidade de seus proprietários. A editora informa não estar associada a nenhum produto e/ou fornecedor apresentado no livro.

Impresso no Brasil — 1ª Edição, 2020 — Edição revisada conforme o Acordo Ortográfico da Língua Portuguesa de 2009.

Produção Editorial	**Produtor Editorial**	**Marketing Editorial**	**Editores de Aquisição**
Editora Alta Books	Illysabelle Trajano	Lívia Carvalho	José Rugeri
		marketing@altabooks.com.br	j.rugeri@altabooks.com.br
Gerência Editorial		**Coordenação de Eventos**	Márcio Coelho
Anderson Vieira		Viviane Paiva	marcio.coelho@altabooks.com.br
		eventos@altabooks.com.br	
Gerência Comercial			
Daniele Fonseca			

Equipe Editorial			**Equipe Design**
Adriano Barros	Maria de Lourdes Borges	Rodrigo Dutra	Ana Carla Fernandes
Ian Verçosa	Meira Santana	Thales Silva	Larissa Lima
Juliana de Oliveira	Nathally Freitas	Thiê Alves	Paulo Gomes
Leandro Lacerda	Raquel Porto		Thauan Gomes

Revisão Gramatical	**Layout**	**Diagramação**	**Capa**
Fernanda Lutfi	Paulo Gomes	Catia Soderi	Larissa Lima

Publique seu livro com a Alta Books. Para mais informações envie um e-mail para autoria@altabooks.com.br

Obra disponível para venda corporativa e/ou personalizada. Para mais informações, fale com projetos@altabooks.com.br

Erratas e arquivos de apoio: No site da editora relatamos, com a devida correção, qualquer erro encontrado em nossos livros, bem como disponibilizamos arquivos de apoio se aplicáveis à obra em questão.

Acesse o site www.altabooks.com.br e procure pelo título do livro desejado para ter acesso às erratas, aos arquivos de apoio e/ou a outros conteúdos aplicáveis à obra.

Suporte Técnico: A obra é comercializada na forma em que está, sem direito a suporte técnico ou orientação pessoal/exclusiva ao leitor.

A editora não se responsabiliza pela manutenção, atualização e idioma dos sites referidos pelos autores nesta obra.

Ouvidoria: ouvidoria@altabooks.com.br

Dados Internacionais de Catalogação na Publicação (CIP) de acordo com ISBD

R761e   Romão, Cesar
           Ensinamentos Bíblicos Para o Sucesso: reflexões e pensamentos que guiarão você para uma vida bem-sucedida / Cesar Romão
           . - Rio de Janeiro : Alta Books, 2020.
           160 p. ; 16cm x 23cm.

           ISBN: 978-85-508-1655-5

           1. Bíblia. 2. Ensinamentos. 3. Sucesso. I. Título.

2020-444   CDD 220
                                                 CDU 22

Elaborado por Vagner Rodolfo da Silva - CRB-8/9410

Rua Viúva Cláudio, 291 – Bairro Industrial do Jacaré
CEP: 20.970-031 — Rio de Janeiro (RJ)
Tels.: (21) 3278-8069 / 3278-8419
www.altabooks.com.br – altabooks@altabooks.com.br
www.facebook.com/altabooks – www.instagram.com/altabooks

ASSOCIADO

Dedicatória

À Antonio Romão (in memoriam)

Pelo legado de bondade deixado durante sua jornada existencial.

Apresentação do Livro

Este é um livro para ser seu companheiro em momentos nos quais a comunhão com o universo se faz necessária. Em cada um dos capítulos você encontrará uma mensagem motivadora para seguir com suas metas, seus sonhos e sua crença.

A interpretação atual de diversas passagens bíblicas aplicadas de maneira simples e real na sua vida lhe trará benefícios comportamentais imensuráveis e permanentes, desde que transformados em hábitos diários.

Toda vez que precisar de um conselho diante de uma adversidade, tenha certeza de que o encontrará nesta obra, até mesmo abrindo aleatoriamente em uma das páginas, porque o conteúdo tem interdependência nos textos.

Aqui estão 62 caminhos para encontrar força, inteligência e dinamismo para lidar com o dom da vida e fazer dela aquilo que seu coração realmente espera vivenciar. Pois a vida é como duas linhas paralelas que acompanham nosso destino e que, em algum lugar, se cruzarão, e quando isso acontecer precisamos estar preparados em nossa mente e nosso espírito.

Esta é uma oportunidade de leitura que também despertará sua sensibilidade existencial, tornando mais assertivas suas decisões e escolhas. Afinal, nossa vida é construída com estas duas colunas: decisões e escolhas.

Boa leitura.
Cesar Romão.

Sobre o Autor

Cesar Romão é formado em Direito e fez pós-graduação em Administração, MBA em Marketing, mestrado em Psicologia Organizacional, além de cursos de extensão pelas Universidades de Richmond e Califórnia. É Doutor Honoris Causa pelo Consejo Iberoamericano em Honor a La Calidad Educativa. É palestrante e idealizador de cursos e seminários destinados ao desenvolvimento de pessoas e de empresas. Possui 13 livros publicados no Brasil, e sua obra já foi traduzida para diversos países como: Itália, Alemanha, Colômbia, Argentina, Espanha, Rússia, entre outros.

Colabora com artigos em diversos jornais e revistas do país, além de participações permanentes em rádio e TV.

Para conhecer mais sobre o autor, seus livros e palestras, visite: www.cesarromao.com.br

SUMÁRIO

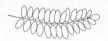

Lucas 19 • Ir além para estar perto daquilo que desejamos • 1
João 8 • Nossa voz precisa do poder do nosso coração • 3
Lucas 24:13 • Hoje eu não vou reclamar • 5
Mateus 14:17 • Devemos oferecer algo antes de pedir algo • 9
Lucas 23:46 • A entrega pode ser a saída • 13
Marcos 2:3 • Temos de ser fortes e romper os obstáculos • 15
Lucas 9:23 • Não somos aquilo que pensamos ser • 17
Mateus 6:5 • Caminhe à sombra de suas palavras • 21
Mateus 19:21 • A perfeição requer abandono de hábitos • 23
João 9:1 • Temos de fazer a nossa parte • 25
João 13:5 • Não perca sua bondade • 27
Mateus 17:20 • Nossas realizações têm o tamanho de nossa fé • 29
Mateus 12:33 • Viva com os seus conceitos • 31
Lucas 19:45 • Devemos expulsar nossas sombras • 33
Mateus 5:15 • O que traz o bem deve ser enaltecido • 35
Mateus 5:14 • Você é o maior milagre da terra • 37
Mateus 7:6 • Não desperdice seu talento • 39
Mateus 7:8 • Não existe outra ajuda que não seja autoajuda • 41
Mateus 13:10 • A vida tem sua própria maneira de comunicar-se • 43
Isaías 30:15 • A confiança é uma grande aliada • 45
Samuel 17:45 • Precisamos invocar nossa força • 47
Josué 6:4 • Coisas estranhas podem ser um chamado • 49
Jó 1:21 • As provações são dádivas dos verdadeiros • 51
Gênesis 22:12 • Deus nos pede coisas difíceis para nos conceder o impossível • 53
Hebreus 12:6 • O senhor corrige a quem ama • 55
Salmo 141 • Não basta pedir temos de fazer • 59
Deuteronômio 32:4 • Os caminhos do divino são estranhos • 61

Salmo 56:11 • A confiança pode gerar força • 65
Atos 9 • Na escuridão pode estar a luz que buscamos • 69
Provérbios 19:2 • O imediatismo não é um aliado • 73
Hebreus 13:5 • O medo de perder algo nos afasta desse algo • 75
Lucas 4:5-8 • Tenha fidelidade aos seus princípios • 77
Marcos 11:1-9 • Mantenha seu espírito humilde através do exemplo • 79
Levítico 23:3 • Encontre tempo para as coisas da alma • 83
Jeremias 14:9 • O acaso pode estar a seu favor • 85
João 11:40 • A força do universo tem seu próprio tempo • 89
Mateus 6:26 • Toda preocupação consome nossa energia vital • 91
Mateus 7:2 • A vida acontece onde você está e em como vê as coisas • 93
2 Timóteo 2:25 • É preciso coragem para ter arrependimento • 97
João 7:6 • O tempo é nosso bem mais precioso • 99
João 3:3 • Procure por uma oportunidade improvável • 101
Jó 42:2 • Tudo na vida começa com um propósito • 103
Colossenses 3:23 • Faça tudo primeiro para você e por você • 107
Filipenses 4:13 • Você pode vencer o medo • 109
Mateus 18 • Nada nos tira de nosso destino • 111
2 Timóteo 4 • Lutar e viver todos os dias • 113
João 8:7 • Erros são etapas da evolução • 115
Lucas 17 • Não sofra pela ingratidão • 117
João 35 • Se tiver vontade pode chorar • 119
Gênesis 17:2 • A teologia da prosperidade • 121
Lucas 18:16 • Use ao máximo seu sorriso • 123
1 Reis 3:9,12,13 • Sucesso e riqueza • 125
Lucas 5:5 • Riqueza e sucesso • 127
Provérbio 18:21 • Tenha uma declaração de vida • 129
Gênesis 2:2; 3 • A grandeza de cada dia • 131
2 Samuel 6:14 • Comemore suas conquistas • 133
Provérbios 17:17 • Faça amigos e cuide deles • 135
Atos 2:11 • Desenvolva capacidade de comunicação • 137
1 Coríntios 1:27 • Deus capacita os escolhidos • 139
Gálatas 5:16-23 • Nossas virtudes nos fortalecem • 141
Marcos 2:10 • Invoque seu poder • 143
Mateus 4-11 • O fracasso é uma escolha não uma decisão • 145

Lucas 19

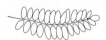

IR ALÉM PARA ESTAR PERTO DAQUILO QUE DESEJAMOS

Quando Zaqueu sobe em uma árvore para poder fazer com que seus olhos alcancem Jesus, que entrava em Jericó em meio a uma multidão que também queria vê-lo, Zaqueu não só destacou-se, mas se esforçou para realizar o desejo de colocar seus olhos no Mestre e não mediu esforços para ficar localizado em um ponto estratégico.

Nossa vida é repleta de árvores pelo caminho, mas muitas vezes nem as notamos e passamos direto. Elas são pontos de intercessão com nossos objetivos e, em vez de subir nelas para lançarmos nossos olhos ao horizonte, apenas levantamos a cabeça e pensamos ser difícil escalá-las.

Deixar o nosso lugar comum e fortalecer os passos rumo àquilo que desejamos nos coloca em um lugar privilegiado de visão expandida e, quando temos à frente de nossos olhos a realidade daquilo que precisamos alcançar, espalham-se por nossa mente pensamentos de criatividade, por nosso corpo uma energia contagiante e seguimos como se o destino que buscamos já estivesse em nossas mãos.

A árvore da vida está lá para ser escalada em suas ramificações familiares, profissionais, pessoais e espirituais. Precisamos desenvolver um esforço além do comum se queremos mudanças em nossa trajetória e somente assim poderemos nos destacar em direção aos nossos objetivos.

Ficar fazendo o que a maioria das pessoas fazem não é tão difícil, mas você estará à sombra da árvore da vida. Agora, fazer o que quase ninguém faz é bem mais difícil, mas você estará escalando a árvore, assumindo riscos e colocando-se de maneira promissora onde seu coração e seu destino esperam que você esteja.

Zaqueu escolhe Jesus antes de ser escolhido por Ele, assim funciona a voz do universo, nós precisamos escolhê-la, só depois dessa escolha ela volta seus olhos para nossos esforços. A vida não dá nada, ela apenas retribui na medida em que recebe.

João 8

NOSSA VOZ
PRECISA DO
PODER DO NOSSO
CORAÇÃO

Quando uma mulher adúltera foi levada até Jesus por um grupo de pessoas que tentavam persuadi-lo a cair em uma armadilha fazendo-se valer da lei de Moisés para apedrejá-la, Jesus responde: "Quem aqui não tiver pecado, que atire a primeira pedra." Com isso as pessoas foram deixando o local e a mulher, sem condená-la ao apedrejamento.

O poder da resposta de Jesus foi decisivo. A resposta não foi para tocar a mente, o coração ou o bom senso daquelas pessoas, ela foi diretamente para a consciência delas e, portanto, teve um efeito moral imediato em cada uma. A consciência é o único ponto onde realmente existe a possibilidade de atingir a capacidade de reflexão de cada pessoa sobre ela mesma no âmbito da luz ou da escuridão.

Quando uma palavra é direcionada para a consciência ela tem poder ampliar a verdade na mente, no coração e no espírito. Muitas pessoas fogem de suas consciências quando percebem algo que as coloca de frente com a verdade, uma verdade contra a qual não podem lutar ou questionar, restando apenas entregarem-se a ela.

Não é tão simples falar da consciência das pessoas pela simples razão de não estarmos em paz com a nossa por diversos motivos. E não é tão fácil também ficar em paz com nossa consciência, mas é necessário dedicação ao longo da vida para que este dia chegue sem demora.

A noção e valorização do que é verdadeiro em nossa vida talvez seja o primeiro passo, fazendo todo o possível e imaginável para manter nossa conduta dentro de uma ética existencial que não cause efeitos colaterais em nossas emoções e tão pouco em outras pessoas.

A verdadeira sabedoria nem sempre está na luta que diferencia o vencedor do perdedor, ela pode estar no poder do sábio que reconhece que pode vencer, então não vê necessidade de lutar.

Lucas 24:13

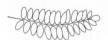

HOJE EU NÃO VOU
RECLAMAR

Jesus já havia ressuscitado, já tinha surgido para as mulheres e posteriormente ficou entre dois de seus seguidores que iam para Emaús. Esses dois seguidores conversavam de maneira inconformada sobre a morte de Jesus, porém os dois peregrinos falavam como se tudo estive perdido com a crucificação. Eles não perceberam que a pessoa que os indagava durante todo o caminho era Jesus, somente quando chegaram a Emaús, onde Jesus abençoa o pão, tira o capuz e desaparece, eles se deram conta de que caminharam de Jerusalém até Emaús com Jesus entre eles e não puderam perceber tal dádiva e benção.

Os peregrinos não puderam notar que era Jesus entre eles durante todo o caminho por de estarem mais preocupados e focados em reclamar Sua ausência pelo fato da crucificação e não levaram em conta Sua promessa de ressurreição e tantos outros ensinamentos.

O estado de reclamação fez com que suas mentes, olhos e coração se fechassem para aquele milagre bem entre eles.

Assim é também em nossa vida, às vezes, os milagres estão acontecendo bem ao nosso lado, a mão do Senhor está nos abençoando e não conseguimos notar pelo fato de estarmos reclamando de tudo e de todos.

Quando mantemos nosso foco em reclamar, perdemos a percepção das coisas boas que podem estar acontecendo ao nosso redor. O hábito de reclamar é como coçar, basta começar e não se para mais.

É comum muitas pessoas acharem que ao reclamar de algo estão fazendo alguma mudança comportamental em suas vidas ou melhorando o resultado daquilo que desejam. Não percebem que o mesmo esforço intelectual e de tempo investidos em um hábito inócuo poderia ser empregado em uma atividade intelectual nutritiva e promissora. Muita gente poderia ir para o céu com metade do esforço que faz para ir para o inferno.

Quanto pensar em reclamar de algo, mude de atitude: conte suas dádivas, avalie suas competências, relembre de suas vitórias, agradeça o milagre de ser quem você é, pense nas pessoas que te querem bem.

Diga sempre em voz alta para seu coração: hoje eu não vou reclamar, pois se eu reclamar vou perder a percepção das coisas boas que podem acontecer ao meu redor.

Mateus 14:17

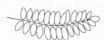

**DEVEMOS
OFERECER ALGO
ANTES DE
PEDIR ALGO**

Tomado pela tristeza do sepultamento de João Batista, Jesus retira-se de barco para um lugar deserto, mas a multidão o segue e os discípulos ficam preocupados em como aquelas pessoas se alimentariam. Jesus pergunta o que os discípulos têm para oferecer, eles respondem: *"Apenas cinco pães e dois peixes."* Jesus toma para si esses alimentos, ergue seus olhos ao céu, abençoa os pães e os peixes multiplicando-os, e alimenta seus discípulos e a multidão formada por homens, mulheres e crianças.

Para que o universo nos ofereça alguma coisa, é necessário que tenhamos algo em mãos para ofertar antes de receber. Jesus precisou de apenas alguns pães e peixes para promover o milagre da multiplicação, mas Ele *"talvez"* não pudesse fazê-lo se os discípulos não ofertassem algo em que seu poder de executar milagres tivesse a chance de atuar.

Milagres acontecem quando uma oferta os precede, essa oferta é justamente o que temos em mãos e pensamos não servir para Deus, mas é justamente isso que Ele quer de nós, a humildade em aceitar o que temos e a coragem de partir deste ponto para uma realização maior apoiados em nossa crença.

Dar o primeiro passo diante do caminho nos coloca na rota, um leve movimento de nosso coração pode nos conduzir por longas distâncias, mas somente quando acreditamos que tudo que está em nossas mãos tem algum motivo, algum poder de multiplicar-se e que nossa missão é maior do que imaginamos. Eis os nossos cinco pães e dois peixes. Eles podem ser nossas competências, nossa intuição, nossa vontade de vencer os desafios do dia a dia e até mesmo nossa razão de existir.

Não despreze coisa alguma em sua vida, ou no caminho de sua busca, o que sobra hoje poderá faltar amanhã, o que falta hoje poderá sobrar amanhã. É a união de pequenas células que mantém nossa imensa máquina humana ativa na existência. Quando quiser alguma coisa do universo, certifique-se de que tem em mãos uma oferta. Por mais simples que seja, por menor que seja, ou por mais insignificante que pareça, é exatamente esta matéria-prima que o universo necessita para multiplicar as coisas em sua vida, nunca estenda as mãos vazias diante de sua vontade de realização.

Lucas 23:46

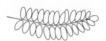

A ENTREGA PODE
SER A SAÍDA

Em seus últimos momentos na cruz, Jesus aceita os desafios que lhe foram impostos em seu ministério e em vez de questionar entrega-se ao seu destino como Messias. Ao pronunciar: *"Pai, em tuas mãos entrego meu espírito..."* Sua aceitação naquele momento de dor foi o primeiro passo para sua grande realização: a ressurreição.

Existem momentos em nossa vida onde tudo parece estar perdido, onde a saída parece não existir, onde todos os caminhos não nos levam a lugar algum e ali parece que vamos padecer e ser derrotados, jogados na vontade de um destino que não estava em nossos planos.

Lutar contra algo nem sempre é a melhor estratégia, existem momentos nos quais precisamos acreditar naquilo que nossos olhos não veem, nosso corpo não sente e nosso cérebro questiona. Ao nosso redor existe uma força divina que atua nesses momentos, mas atrapalhamos sua atividade enquanto nos debatemos para tentar resolver coisas que não têm solução de acordo com nossa necessidade de imediatismo.

Jesus poderia ter utilizado os mesmos poderes que utilizou durante sua trajetória para livrar-se da cruz e do martírio, mas não o fez. Ele sabia que o momento era de entrega e não de contrariedade ao seu destino.

Quando tudo parecer perdido, quando nada parecer estar dando certo e as portas se fecharem, lembre-se: é momento de entrega, aceitação e retomada de forças. Sempre haverá um novo dia para lutar e fazer valer sua crença na vida e nos seus sonhos. Mas para isso você precisa estar com seu potencial preservado em tempo de espera. Existe além do horizonte de sua mente uma energia que ativa suas forças, mas para que ela possa atuar em todo seu corpo e espírito é necessário entregar-se e esperar, não tentar mais nada por algum tempo e deixar que a sombra do divino repouse em sua retomada de vida, quando a cruz chega à nossa vida é um sinal que estamos sendo preparados para a ressurreição.

Marcos 2:3

TEMOS DE SER
FORTES
E ROMPER OS
OBSTÁCULOS

Em uma passagem por Cafarnaum, Jesus é seguido e cercado por centenas de pessoas dentro de uma casa. Quatro homens tentavam levar um paralítico até ele e devido à multidão não conseguiam se aproximar, então fazem um buraco no telhado e através dele colocam o homem perto de Jesus. Ele diz aos quatro homens que por sua fé no esforço que fizeram estavam perdoados de seus pecados e também cura o paralítico.

Ao ver o esforço que tais homens estavam fazendo para locomover aquele paralítico, Jesus poderia ter pedido que abrissem caminho para os quatro homens passarem, ou mesmo ir até lá, ou ainda promover a cura de onde Ele estava olhando aquela cena. Mas não o fez. Ele esperou que os quatro homens executassem algo mostrando seu empenho no que os levou até lá, que era auxiliar o amigo em uma possível cura. Ele esperou para ver se aquelas pessoas realmente tinham e poderiam manifestar sua fé e o fizeram quando, além de muito esforço para chegarem lá através de um caminho difícil, abrem um buraco no telhado e colocam o amigo diante de Jesus.

Nossa fé não pode ficar isolada em nosso coração, ou em nossa mente, precisamos manifestá-la a todo o momento por meio de atitudes que a façam tomar forma em resultados durante nosso caminho de existência. Quando não pensamos em desistir o universo nos impulsiona através de tudo e todos para que nossa realidade se cumpra. Os quatro homens e o paralítico podiam ter gritado de onde estavam pedindo ajuda para chegarem até Jesus, mas não o fizeram, eles abriram caminho até Ele, e por isso foram abençoados. Sempre que estiver abrindo um caminho em sua vida, poderá não perceber, mas uma benção divina estará lhe acompanhando. Siga firme no curso de seu desejo e não dê importância ao tamanho do desafio, pois sempre haverá uma benção a sua espera.

Lucas 9:23

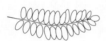

NÃO SOMOS
AQUILO
QUE PENSAMOS
SER

No caminho de Jesus nunca faltaram questionamentos dos incrédulos. Para um desses questionamentos, Ele responde: *"Se alguém quer vir após mim, negue-se a si mesmo, e tome a cada dia a sua cruz, e siga-me."*

Ele não pede que deixem ou tornem sua cruz mais leve, Ele pede que tomem para si a cruz. Assumir aquilo que somos é um ponto de partida precioso na busca do sucesso e da felicidade. Muitas vezes as pessoas estão apoiadas em coisas e não nelas mesmas.

Às vezes, a pessoa possui um carro do ano, roupa de grife e não consegue sentir-se confortável de outra maneira. Assume a personalidade das coisas que detêm e não a personalidade que está em seu coração e em seu espírito. Foge de si mesma a todo instante e nem percebe, deixa morrer sua verdadeira essência existencial para fazer florescer uma forma de existir que se torna uma nuvem viciante naquilo que ela não é no fundo de seu âmago.

Reconhece que está correndo para longe de sua própria realidade, mas não para de correr, não olha para os lados nem para trás, e segue observando um objetivo que não é o seu, mas é da aparência que o mundo vende como uma ilusão que não permite ficar de frente com a verdade.

Tomar a nossa cruz é assumir nossa posição circunstancial como realmente somos por dentro. Sem máscaras, sem falsidade ou disfarce, com coragem para entender que aquilo somos em espírito é muito mais forte do que somos em nosso casulo de suposta proteção. Defender-se e lutar não é distorcer nossos reais valores e princípios e assumir e vivenciar nossa essência com nosso jeito próprio de ser que o universo nos concedeu e nos permite explorar a cada minuto. Talvez a pergunta final que será a senha da porta do céu possa ser:

Você foi você mesmo durante sua vida, tomou para si sua cruz?

Para que esperar chegar à porta do céu para pensar na resposta? Faça isso neste momento, aqui e agora, decida-se por ser você.

Mateus 6:5

CAMINHE
À SOMBRA
DE SUAS
PALAVRAS

É fácil falar, mas é difícil fazer, eis um dos desafios mais intrigantes que temos para vencer. *"E, quando orares, não sejas como os hipócritas; pois se comprazem em orar em pé e às esquinas das ruas, para serem vistos pelos homens. Em verdade vos digo que já receberam o seu galardão."*

Alguns falam para outros ouvirem da mesma maneira que vivem para que outros vejam. Conduzir sua vida para ser vitrine de conceitos estruturados no medo que recai sobre o que os outros pensarão de você causa distanciamento diário das coisas que realmente podem ser úteis em sua vida. O que os outros pensam a seu respeito é problema deles e não seu. Temer o critério alheio é não honrar os seus próprios critérios, os quais foram forjados pela vontade de viver.

Tem gente que se arruma para ir ao seu local religioso, fica chique, lava o carro, faz postura de fiel durante o culto, mas ao sair, se alguém demora em manobrar um carro a sua frente no estacionamento ou fecha sua vaga, já desce ao seu mais cruel estado de realidade e suas palavras começam a expressar o que realmente tem por dentro, mas disfarça por fora. Normalmente as buzinas e os palavrões tomam o lugar das palavras do culto e a pose vai embora. Hipocrisia imensa viver de uma pose que pode dissolver-se ao mais leve arranhar. Vale mais viver de uma maneira onde suas qualidades reais possam permanecer do que viver em uma mentira que não resiste ao respirar de uma verdade.

Nossas palavras expressam o nosso verdadeiro ser, procurar caminhar à sombra delas nos deixa no caminho de nos aproximarmos de nós mesmos, sem nos preocupar com isto ou aquilo que outros podem pensar ou dizer. Quando estamos firmes em nossas palavras, estamos firmes e fortes em nosso caminho e vamos mais longe do que podemos imaginar.

Mateus 19:21

A PERFEIÇÃO REQUER ABANDONO DE HÁBITOS

Às vezes queremos seguir por alguns caminhos que habitam nossos repentes de lucidez e pensamos ser fácil, mas percebemos que não é tão simples assim romper com nossas raízes que nos mantêm exatamente onde estamos.

Um jovem agradecido pelos ensinamentos de Jesus queria segui-lo assim como ao seu ministério, mas ouve do mestre: *"Se queres ser perfeito, vai, vende tudo o que tens e dá-o aos pobres, e terás um tesouro no céu, e segue-me."* Mas o jovem retirou-se e ficou com tudo que tinha.

Escolher o que já temos é sempre mais fácil, pois não requer partir para o desconhecido, não requer arriscar o que já conseguimos, então se decide ficar com o que se tem e onde se está. O novo e o desconhecido nos atraem, mas não nos desperta coragem para vivenciá-lo, poucos o fazem e assim conseguem descobrir o que existe além das fronteiras que nossos olhos não veem.

Ser perfeito nesta passagem talvez signifique ser alguém com fé no inimaginável, alguém capaz de deixar para trás não sua riqueza material, mas a maior bagagem que uma pessoa pode carregar: *o seu orgulho*. Eis um companheiro de viagem que nos afasta das oportunidades da *"perfeição"*. Talvez a *perfeição* seja uma trajetória sem fim, a qual nos ensina muito mais pelo caminho do que pelo destino. Muitas vezes nosso real destino pode estar justamente no caminho que evitamos.

Hábitos como o orgulho alimentam-se de nossa insegurança em nos proteger de algo que não aconteceu e poderá não acontecer, nos faz uma pessoa superior sem sermos, nos faz acreditar em um mundo que habita somente nosso pensamento.

Não é fácil deixar de ser a pessoa que os fatos da vida elaboraram e fugir das armadilhas que nos condenam a continuar com nossos erros e abraçar nossos falsos anseios e conceitos, mas é necessário se realmente queremos trilhar pela sombra da sabedoria, da justiça e da felicidade. O tesouro que teremos no céu talvez seja chegar lá isentos desses hábitos ilusórios.

João 9:1

TEMOS DE FAZER A NOSSA PARTE

Ao passar por um homem cego, Jesus explica que nem o homem nem seus pais pecaram para que isso acontecesse, mas que ele poderia ser um instrumento para a obra de Deus. Então Ele cuspiu na terra, e com a saliva fez lodo, e untou com o lodo os olhos do cego. E disse-lhe: *"Vai, lava-te no tanque de Siloé."* O homem o fez e voltou curado.

Jesus poderia, com certeza, apenas ordenar a cura com a imposição de suas mãos e certamente o homem estaria curado, mas onde estaria o valor dessa cura para esse homem se ela não tivesse um contexto, algo que pudesse ser real para ele e que ele sentisse na pele a força divina atuando, mesmo por um punhado de barro. O homem nem precisaria ir até o tanque de Siloé, mas foi ordenado para tal. Esse homem tinha que fazer sua parte para a cura ser completada, ele tinha de mostrar sua fé naquele barro e no homem que tinha a sua frente.

Embora não tenha sido nem o barro, nem o tanque de Siloé que promoveu a cura, eles foram um contexto usado para fortalecer a crença do homem que ela poderia acontecer se ele fizesse sua parte. Caso ele não tivesse feito a sua parte que era ir até o tanque e lavar-se embora confiasse em Jesus, talvez sua cura não se desse. Deus sempre precisa de nossas mãos para dar o nó na corda que nos guiará para longe de nossas adversidades. Ele não faz tudo sozinho e quando percebemos isso podemos sintonizar seu poder com nossa vontade de tê-lo atuando em nossas vidas.

Os passos rumo ao tanque de Siloé precisam ser dados com nossas pernas, a retirada do barro em nossos olhos precisa ser feita com nossas mãos. Fazemos parte das obras de Deus, mas temos nossas dádivas que nos esquecemos de usar e nos escondemos atrás de um frágil sentimento de inércia. Quando nos entregarmos aos seus desígnios e caminharmos por onde Ele nos ordena, seremos fortes e nossos olhos nunca mais se desviarão de nossa missão.

João 13:5

NÃO PERCA
SUA BONDADE

Muitas coisas que nos acontecem na vida, e muitas que temos conhecimento que estão sendo preparadas por pessoas que não merecem nossa confiança, nos afloram emoções de contestação e às vezes terminamos por tomar iniciativas ou decisões que poderiam esperar um pouco mais para que o destino tenha seu curso.

Quando Jesus lavou os pés dos discípulos embora por eles fosse chamado de Mestre e Senhor, ele estava sendo ali o que queria que seus discípulos fossem no futuro. Mesmo sabendo que um deles teria um comportamento questionável, não hesitou em lavar-lhe os pés. Mesmo diante do questionamento de Pedro sobre sua atitude, o fez compreender a importância de permitir que isso fosse concluído e Pedro mostrando compreensão pede também que lhe sejam lavadas as mãos e a cabeça.

Não podemos permitir que a maldade das pessoas nos torne maus, não devemos permitir que nossa indignação por não aceitarmos determinados comportamentos nos torne indiferentes a tudo e a todos. Nada nem ninguém têm esse poder, apenas nós mesmos. Naquele momento Jesus sabia que Pedro o "negaria" e que Judas o "trairia", mas mesmo assim deu seguimento a sua cerimônia de lavar os pés de todos os discípulos.

Manter nossa bondade diante da maldade talvez seja uma das chaves que precisaremos no futuro para abrir nossa porta da esperança. Ninguém perde nada por ser bom, mas perde muito por perder a bondade diante de coisas ruins. Não faltarão pessoas ou fatos no mundo para causar-lhe indignação, mas não deve faltar em seu coração bondade para compreender e não se contaminar com tudo isso. A escuridão deixa de existir quando a luz chega e não há escuridão que resista a luz. Seja no mundo a mudança que você deseja ver nele. Quem tem a luz como ponto de direção não sai da rota.

Mateus 17:20

NOSSAS
REALIZAÇÕES
TÊM O TAMANHO DE
NOSSA FÉ

Tanto se quer da vida às vezes e tão pouco se consegue. Muitas pessoas sabem exatamente o que desejam realizar, mas não possuem estratégia e potencialidade para fazer o que precisa ser feito.

Existe uma imensa dificuldade para defender suas estratégias de existência com legitimidade. Existem algumas características que são necessárias para encontrar legitimidade naquilo que se deseja realizar, são elas: responsabilidade, atitude, foco em soluções, integridade, segurança, coragem, sensibilidade, diferenciação energizadora e um ciclo virtuoso de reinvenção.

Ao pronunciar: *"Por causa de vossa incredulidade; porque em verdade vos digo que, se tiverdes fé como um grão de mostarda, direis a este monte: passa daqui para acolá, e há de passar; e nada vos será impossível."* Jesus fala justamente de nossa força oculta permeada pela fé alimentada por nosso comportamento nutritivo em fazer o que é necessário.

Quando duvidamos de nossa capacidade ou a negligenciamos, estamos indo contra algumas forças da natureza, a principal delas é o nosso livre arbítrio para desenvolver competências que nos tornem melhor a cada dia. Competências acadêmicas, comportamentais, espirituais e aquelas que facilitam nossa sobrevivência abreviando nosso caminho.

Somos frutos de nossas crenças e de nossas atitudes em relação a elas. Nossa vida tem a dimensão que registramos em nossa estrada. A vida nunca nos dará nada demais, nos dará sempre de menos, cabe a nós transformarmos esse menos em mais, talvez esse seja o nosso real destino: transformar o menos em mais. Talvez o menos seja a matéria principal do universo para nos burilar da pedra bruta até a escultura divina que nos espera, nos afastando da dor, do sofrimento e nos aproximando cada vez mais da felicidade plena.

Mateus 12:33

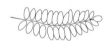

VIVA
COM OS
SEUS
CONCEITOS

É muito comum ouvir ou atribuir coisas a determinadas pessoas que não são verdade e parece incrível que muita gente acredite e, além disso, distribua a notícia. Em vez de ser uma barreira dizimadora de fatos que possam difamar injustamente alguém, as pessoas agem de maneira a incentivar essa manobra sombria. E não bastasse isso, por cada um que passa este comportamento ruim, recebe-se uma pitada do veneno de quem o tem nas mãos no momento.

Muitas vezes esquecemos o precioso passado daquela pessoa, esquecemos quantas coisas boas ela já realizou, e nos apegamos ao modelo: *"Eu não sei quem disse, mas se estão dizendo alguma coisa tem..."* Às vezes, custamos a acreditar, mas nos deixamos levar pelos outros e esquecemos nosso próprio conceito em relação àquela pessoa, um conceito criado com uma convivência justa e perfeita, a qual deixamos manchar por um *"ouvi falar que..."*.

Disse Jesus: *"Ou fazei a árvore boa, e o seu fruto bom, ou fazei a árvore má, e o seu fruto mau; porque pelo fruto se conhece a árvore."*

Devemos olhar sempre para um todo em relação às pessoas, não somente colocar uma lente em pontos frágeis, pois ninguém resiste a uma lente de aumento. As realizações, atitudes e comportamentos ao longo do tempo definem de maneira honesta as características daquela pessoa. Caso alguém venha lhe dizer algo que não seja nutritivo a respeito de alguém, você pode até ouvir, mas não emita nenhum comentário que não seja pelos frutos desta pessoa. Nosso bom senso pode salvar inocentes desse tipo de *"linchamento de convívio"*. Os fracos precisam enfraquecer os outros para se sobressair, ao contrário dos fortes que se tornam cada vez mais fortes por distribuírem sua força e ensinarem outros a conquistar força própria. Na luta entre o mar e o rochedo, quem apanha é o marisco.

Lucas 19:45

DEVEMOS
EXPULSAR
NOSSAS
SOMBRAS

Quanto maior a luz, maior a sombra. Assim é o caminho daqueles que buscam o bem. Sempre estarão cercados pela legião das sombras, não é possível vencê-las, mas é possível expulsá-las para não atuarem em nossa vida e retardarem nossa missão.

Fazer o bem é lutar contra as sombras e por isso muita gente que pratica o bem tem sua vida atribulada, sente que a injustiça a persegue e às vezes não consegue concretizar as mais simples coisas. As sombras não dão trégua para aqueles que desejam colocar um pouco mais de luz no mundo, por isso é necessário ser forte e muitas vezes manifestar nossa ira e dar um basta em determinadas situações.

Jesus ao entrar no templo e ver que havia se transformado em um covil de salteadores, foi cercado pela sombra do desprezo ao sagrado e começou a expulsar todos que nele vendiam e compravam, dizendo: *"A minha Casa é Casa de oração..."*

Não havia como Ele agir de maneira diferente, muitos até devem ter ficado surpresos com sua atitude, mas era necessária diante da indignação que a situação causava naquele momento. Existem coisas e pessoas em nossa trajetória que devemos realmente *"expulsar"* de nossas linhas de atuação. Esses modelos de pessoa não passam de salteadores da felicidade e da chance que temos de atingir a felicidade.

Tem gente que tem a consciência tão pesada que quando entra no elevador, ele acusa excesso de peso, toca a campainha e não sai do lugar. Esse padrão de pessoas escolhe justamente rodear a sua vida. Sim, a sua vida. Fica ali *"esmerilhando"* tudo que você tenta realizar.

Não tenha remorso em expulsar esse tipo de gente de seu convívio, encontre força da mesma maneira que Jesus encontrou e livre-se destas sombras que não são suas e não pertencem ao seu destino. Elas se alojaram ali porque você permitiu, concentre-se no seu espaço onde nada nem ninguém pode te incomodar.

Mateus 5:15

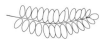

O QUE
TRAZ O BEM
DEVE SER
ENALTECIDO

Notícia ruim tem perna curta e corre rápido. Notícia boa tem perna longa e corre devagar. Somos motivados por exemplos. Embora a palavra nos traga convencimento, é o exemplo que nos arrasta. Temos muitas coisas boas acontecendo pelo mundo, mas as notícias ruins ganham a evidência a todo o momento. Assim parece que tudo está perdido e não tem solução.

Claro que a mídia está cumprindo sua missão ética de informar, mas enquanto uma notícia ruim é veiculada, pequenos milagres estão acontecendo em muitos lugares. Nesse mesmo espaço de tempo um médico está salvando uma vida; uma mãe está trazendo um novo ser ao mundo; cientistas faz novas descobertas; empresários realizam algo que traz emprego às pessoas; entidades como Rotary salvam vidas; instituições como a LBV educam crianças, mas parece que tudo está centralizado naquilo que é ruim.

As coisas têm a medida e o valor que creditamos a elas, é importante voltar nossos olhos para o que é bom, e ser parte disso de alguma maneira, pois quando participamos de algo grandioso, mesmo que de forma pequena, estamos nos tornando grandes. Não importa o tamanho ou a intensidade de sua colaboração, o importante é fazer o que é bom caminhar pelos campos da esperança.

Disse Jesus: "Nem se acende a candeia e se coloca debaixo do alqueire, mas no velador, e dá luz a todos que estão na casa." Se você tem algo nas mãos que pode trazer esperança e luz para alguém, coloque em lugar onde todos possam ver, sentir, participar e colaborar para que isso se faça expandir e trazer benefícios ao maior número de pessoas possível. Não guarde as coisas boas, divulgue-as. As verdadeiras coisas boas do mundo são aquelas que podem ser compartilhadas e vivenciadas de maneira incondicional trazendo crença positiva e otimismo ao espaço de vida que ocupamos.

Mateus 5:14

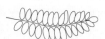

VOCÊ É O
MAIOR
MILAGRE DA
TERRA

É impressionante como somos grandiosos em nossa concepção existencial, mas, ao mesmo tempo, frágeis diante de nossos desafios. Somos únicos em nossas características; sociáveis em nossos conceitos; avançados geneticamente em nossa atividade humana; seres espirituais em uma passagem terrena, e basta alguém fazer algo contra a nossa maneira de ser e pronto: lá se vai toda nossa capacidade de elevar-se ao céu e voltamos a rastejar pela terra.

Somos o maior milagre deste planeta. Não há nada comparável ou igual, mas em vez de buscarmos o meio, estamos sempre nas extremidades. Quando parece que avançamos nas ferramentas que nosso cérebro cria para sobrevivermos melhor, regredimos em auxiliar o próprio semelhante. Fatores comportamentais que já deveriam estar extintos, andam famintos como nunca no coração de muitos.

Falta convicção para vivenciar a mensagem de Jesus: *"Vós sois a luz do mundo; não se pode esconder uma cidade edificada sobre um monte."* Talvez seja nossa falta de percepção em aceitar essa condição como a responsável por tantas adversidades em nossa vida. Quando fugimos do caminho divino, alguns *"tapinhas"* são enviados pelo plano espiritual para nos lembrar por onde estamos andando com nossa mente e nosso coração.

Não tenha dúvidas de seu poder e sua conexão com o divino, faça uso dela nos momentos difíceis da vida, ela está em nós, se manifesta por nós e nos foi ofertada como meio de nos aproximar do Criador. Não se afaste das orações, não se afaste do bem, não se afaste da caridade, não se deixe conduzir por lugares onde sua capacidade é desafiada a uma luta que não terá vencedor. São as lutas que não se podem vencer os fragmentos da escuridão que ofuscam a certeza que nos foi conferida pelo Mestre. O segredo muitas vezes não está em lutar, mas em manter-se distante da luta.

Mateus 7:6

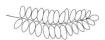

NÃO DESPERDICE
SEU TALENTO

De alguma maneira existe em cada pessoa um talento nato, aquela competência que ela possui em seu DNA, algo que ela consiga fazer melhor do que todas as coisas pelas quais decidiu atuar em sua vida.

Algumas pessoas conseguem descobrir bem cedo, outras nem tanto e algumas nunca descobrem. A maioria consegue fazê-lo em tempo, mas nem sempre pode fazer desse talento algo que traga movimentos existenciais positivos.

Quando se descobre o seu real talento não se deve implementá-lo na direção incorreta, é necessário avaliar onde estamos aplicamos esse talento, não se fica sentado na beirada do galho que estamos cortando. Procure encontrar os pontos certos onde seu talento pode ser aplicado, evite fazer dele apenas um hobby, ele pode ser um passaporte para muitas das realizações que deseja na vida.

Infelizmente, quando não se percebe isso, um desperdício diário desse talento é causado: pessoas dividem amor com quem não merece; cultivam amizade com pessoas que não estão nem aí para você; dedicam-se a uma empresa que não dá a mínima para seu desempenho e dedicação.

Devemos implementar nosso talento nos campos onde ele pode prosperar e ser reconhecido como elemento de transformação. Disse Jesus: *"Não deis aos cães as coisas santas, nem deiteis aos porcos as vossas pérolas, não aconteça que as pisem com os pés, e voltando-se vos despedacem."* Faça uma avaliação de onde e para quem está entregando as coisas boas de sua mente, de seu coração e de seu espírito.

A vida nos dá sinais todos os dias sobre os caminhos pelos quais devemos seguir com nosso talento, mas muitas vezes ignoramos esses sinais e pagamos um preço que não merecemos pagar. Um talento seja ele qual for, foi inserido em você pelo universo para que pudesse lhe auxiliar em sua estrada da vida.

Mateus 7:8

NÃO EXISTE
OUTRA AJUDA
QUE NÃO SEJA
AUTOAJUDA

É comum assistir algumas cenas interessantes dentro de nossa sociedade como: jogadores de futebol orando, sinalizando ou louvando a Deus para ganhar a partida, e o adversário faz o mesmo, como se Deus estivesse ali na arquibancada decidindo qual time escolherá para ser o vencedor.

Invocar a proteção divina ficou tão comum em diversas atividades que o céu teria trabalho dobrado se atendesse a todos esses tão diversos pedidos. Tal comportamento tem criado nas pessoas uma certa transferência de responsabilidade das funções que elas mesmas precisam desenvolver e praticar. Ficou tão simples pedir que muita gente pede até o que não deveria pedir, aliás, eis aí outro ponto: será mesmo que todos os pedidos têm valia e deveriam ser feitos?

Você pode precisar de um remédio, mas deve tomá-lo por si, caso não o faça prejudicará sua saúde. Muita gente não o faz e culpa o remédio, não existe outra ajuda que não seja a autoajuda. Nós devemos fazer uso das qualidades que temos para poder auxiliar na solução de nossas adversidades e não transferir tudo para Deus.

Nossos pedidos não devem ser pela solução, mas pela coragem; pelo discernimento; pela justiça; pela retidão de nossas escolhas e decisões; por encontrar pessoas sinceras que possam nos auxiliar e pelo amparo das mãos do Senhor durante o caminho. Disse Jesus: *"Porque, aquele que pede, recebe; e, o que busca, encontra; e, ao que bate, abrir-se-lhe-á."* Muitos pedidos não são ouvidos pelo simples fato de não serem pedidos, serem desejos do ego, que é a ilusão que nos mantém fora da realidade divina e do alcance das mãos de Deus.

Não se deve pedir ao Senhor coisas que o Senhor quer que realizemos por nossas próprias mãos, não se deve esperar do céu coisas que só podem acontecer na Terra. Peça ao céu o que é do céu e conquiste na Terra o que é da Terra.

Mateus 13:10

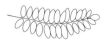

A VIDA TEM SUA PRÓPRIA MANEIRA DE COMUNICAR-SE

Todos os dias somos colocados à prova e nos é enviada uma mensagem sobre como devemos viver e como devemos nos comportar diante de fatos, acontecimentos e surpresas inevitáveis. É uma linguagem própria da existência e do universo que nos cerca. Mas queremos ver sempre as coisas a nossa maneira, de nosso jeito e ignoramos alguns sopros em nossos ouvidos sobre a verdade e o caminho.

Jesus não era muito diferente com seus discípulos, Ele vos falava em parábolas, e nem precisamos mencionar aqui o quanto elas eram e sempre serão profundas e transformadoras. Mas, mesmo assim, uma vez seus discípulos o questionaram pelo fato de ele falar com o povo através de parábolas: *"Por que lhes falas por parábolas? Ele, respondendo, disse-lhes: Porque a vós é dado conhecer os mistérios do reino dos céus, mas a eles não lhes é dado. Por isso lhes falo por parábolas; porque eles, vendo, não veem; e ouvindo, não ouvem nem compreendem."* Andamos tão ocupados com nossos afazeres diários que esses sopros em nossos ouvidos não surtem efeito algum ou compreensão alguma. Às vezes, sentimos que não devemos fazer tal coisa, mas fazemos, e tudo dá errado; às vezes, sentimos que não devemos nos relacionar com tal pessoa, mas o fazemos e sofremos uma tremenda decepção. Uma história de vida de alguém, um exemplo que às vezes cai em nossas mãos, pode ser um desses sopros tentando nos trazer uma mensagem para tornar mais segura nossa vida. Mesmo uma notícia que lemos sem querer ou um livro que recebemos ou sentimos vontade de adquirir, pode ser um desses sopros. Mas preferimos ignorar nossa sensibilidade como ligação com o plano espiritual e seguir pelo caminho da realidade virtual e ilusória imposta para nos acomodar e nos tornar reféns daquilo que nos afasta de nossa trajetória. Quando algo soprar em seu ouvido, dê atenção, pode ser o universo enviando uma mensagem.

Isaías 30:15

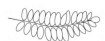

A CONFIANÇA
É UMA
GRANDE
ALIADA

Às vezes, em certos momentos da vida abandonamos nossa capacidade de seguir em frente para nos entrincheirarmos em nossas dúvidas e incertezas, esperando que tudo passe bem depressa. Mas o tempo de nossa imaginação não é o tempo da vida.

"Na tranquilidade e na confiança está a vossa força..." Mas nos momentos difíceis fica muito estranho acreditar que tudo pode terminar bem, fica muito difícil o conformismo de que o tempo pode solucionar os problemas. Assim, perdemos nossa tranquilidade, perdemos nossa confiança e as decisões ficam mais difíceis do que o esperado. Parece que tudo que encontramos como saída nos leva novamente a um labirinto sem volta. Não é simples manter a tranquilidade e a confiança em fases como essa, porém é necessário e primordial, pois essas duas características são como uma luz de esperança para que boas soluções surjam a nossa frente. E se elas não existem com essas duas características podemos reunir criatividade para criá-las. Nem sempre as soluções ideais são aquelas que estão à mão ou que outros já praticaram, às vezes, determinados casos exigem um pouco mais de empenho e de humildade em reconhecer que devemos fortalecer algumas maneiras de ser. Quem perde a confiança, despede-se da esperança, quem perde a força, entrega-se ao acaso e não é sempre que o acaso pode ficar do seu lado. Pessoas confiantes sabem deixar um canal por onde as coisas podem fluir de maneira positiva, pessoas que mantém a força estão sempre prontas para andar um pouco mais mesmo quando tudo parece perdido. Não é necessário aceitar como destino certas coisas da vida, mas é primordial confiar em competências a serem desenvolvidas para formar uma convergência de fatos que podem mudar o momento que está sendo vivenciado. Talvez ao lançar alguém ao mundo a frase final do Criador seja: *"Vá, eu confio em você e lhe dou forças para vencer..."*

Samuel 17:45

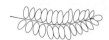

PRECISAMOS INVOCAR NOSSA FORÇA

O ainda jovem Davi, ao assumir o desafio de lutar com o filisteu Golias, não conseguiu credibilidade dos que o cercavam, mas seguiu assim mesmo para enfrentar aquele momento em nome de Israel.

O filisteu bradou que daria a carne de Davi às aves do céu e às bestas do campo, mas não foi o suficiente para intimidá-lo. Davi respondeu: *"Tu vens a mim com espada, e com lança, e com escudo; porém eu venho a ti em nome do Senhor dos Exércitos, o Deus dos exércitos de Israel, a quem tens afrontado."*

Davi vence com sua funda e uma pedra que acertou a fronte de Golias. A verdadeira força não estava no instrumento utilizado, mas sim no coração e no espírito de Davi, em sua fé no Senhor. Quando invocamos nossa fé de maneira a buscar em nossas raízes qualquer instrumento que temos em mãos torna-se poderoso para nos fazer atingir nossos objetivos.

Muitas vezes as pessoas têm instrumentos valiosos que estão em seu caminho, mas não atribuem a eles uma dose sincera de fé, uma dose da mais pura energia divina. Essa foi a diferença entre todos aqueles que Golias venceu, eles tinham temor dentro deles. Assim como Golias, as sombras sentem o frescor do medo e tornam-se impiedosas para derrotar seu oponente. David não tinha medo, tinha fé no Senhor, ele não tinha temor, explanava ali seu amor a Deus.

Em momentos difíceis onde parece que temos como vencer com as ferramentas postas em nossas mãos, ficamos perplexos em ver a derrota aproximar-se e nos colocar no chão, tínhamos tudo para vencer e não vencemos. Não adianta ter tudo para vencer se esse tudo não estiver emoldurado com nossa fé no Senhor e em seu poder. Quando estamos nesse estado, o mesmo estado de Davi, podemos com um sopro no centro do problema fazê-lo cair por terra, pois a força divina está do nosso lado, mas precisa ser invocada pelo ato de fé.

Josué 6:4

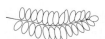

COISAS
ESTRANHAS
PODEM SER UM
CHAMADO

Nem sempre tudo acontece de maneira linear, ou como planejado, existem muitas coisas estranhas no percurso da vida. Fatos que não têm a mínima lógica, a menor importância, os quais desconsideramos por completo. Porém eles podem fazer parte de um contexto divino querendo atuar em sua vida, um contexto que nossos olhos não podem compreender, mas que aos olhos do Senhor são as trilhas de nosso destino.

Quando Josué recebe a mensagem do Senhor: *"E sete sacerdotes levarão sete buzinas de chifres de carneiros adiante da arca, e no sétimo dia rodeareis a cidade sete vezes, e os sacerdotes tocarão as buzinas."* Executar tal plano para romper as muralhas de Jericó aos olhos dos que o seguiam parecia muito estranho e fora de propósito. Afinal como seria possível transpor uma muralha daquela com marcha, trombetas de chifre de carneiros em seis dias e carregando a Arca da Aliança, sobre aos auspícios de sete sacerdotes. Apesar da contrariedade de muitos dos seus, Josué seguiu com o plano e as muralhas foram derrubadas conforme lhe fora dito na mensagem do Senhor.

Talvez em sua vida tenha acontecido algo estranho, algo sem pé nem cabeça, totalmente sem chance alguma de tornar-se realidade, alguma atitude ou alguma coisa que você deveria fazer a qual ia na contramão de tudo e todos, pois este fato talvez tenha sido uma manifestação divina para lhe aproximar de seu real destino por um caminho que somente o Senhor conhece a trajetória.

Viver é romper muralhas de diversos tipos em diferentes momentos, e quando não conseguirmos sozinhos somos postos a prova por nossa conduta diante de nosso jeito de ser, nossa maneira de ver as coisas e nossa capacidade de entender a voz do divino. Por mais fora de contexto que alguma inspiração ou intuição que você tenha possa estar, dedique mais atenção, pode ser um plano arquitetado para que você consiga romper as muralhas que lhe afastam de suas realizações.

Jó 1:21

AS PROVAÇÕES
SÃO DÁDIVAS
DOS VERDADEIROS

As pessoas comprometidas com o bem são as escolhidas para serem tentadas das mais diversas maneiras. Os honestos são constantemente abordados por propostas ilícitas como se a honestidade fosse uma aberração da natureza em um mundo onde o que vale é a vantagem sem levar em conta quem está sendo prejudicado.

Não é difícil mentir, andar pelos caminhos tortos ou mesmo fugir da realidade da ética. O difícil é fazer valer a verdade, caminhar pela retidão existencial e ser fiel à ética. Jó era um homem admirado por Deus pela sua conduta de retidão. Mas Satanás questionou tal conduta, pois achava que ela estava relacionada às bondades que Deus concedia a Jó e propôs uma retirada dessas conquistas para testar sua fé. Deus aceitou, pois confiava em Jó. Assim foi feito, Jó foi destituído de seus bens e de tudo que lhe era mais valioso e, quando não lhe restava mais nada, em vez de blasfemar contra Deus, Jó disse: *"Nu saí do ventre de minha mãe e nu tornarei para lá; o Senhor o deu, e o Senhor o tomou: bendito seja o nome do Senhor."*

Ganhamos algumas coisas na vida, perdemos outras e abrimos mão de muitas, mas sempre há mais por vir se mantivermos nossa crença nos desígnios da natureza do Senhor. Estar no caminho do bem significa que trará muita luz ao espaço de vida que habita, é natural que a escuridão queira lhe tirar do rumo, afinal conquistará um território onde ela reinava de maneira soberba. Os bons desafios recaem sobre as pessoas boas, é por eles que o universo mostra por onde se deve seguir. Pessoas más não precisam de desafios, já estão perdidas e qualquer caminho serve para elas, nunca vão chegar a lugar algum mesmo. Pratique o bem, não culpe o Senhor por nada, apenas agradeça e aceite o que não pode compreender, a diferença está em diluir-se e não debater-se nos desafios da vida.

Gênesis 22:12

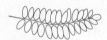

DEUS NOS PEDE
COISAS DIFÍCEIS
PARA NOS CONCEDER
O IMPOSSÍVEL

Ao longo de muitas histórias bíblicas, Deus pediu coisas difíceis aos seus servos, algumas quase impossíveis de se acreditar, mas seus servos mais fiéis não o decepcionaram, embora a realização de algumas coisas pudesse lhes custar o que de mais precioso possuíam. Parece que sempre somos colocados em teste desde os primórdios da religiosidade.

Um dos mais emocionantes relatos é, sem dúvida, o sacrifício de Isaac por seu pai Abraão, imagine um pai tendo de tirar a vida do próprio filho para seguir a orientação do Senhor. Nos dias de hoje, talvez seja inconcebível tal procedimento, mas temos de pensar que aquele homem, Abraão, herdaria uma nação, e seria o pai dela; e para isso, precisava provar o amor e a fidelidade ao seu Deus. Mas no momento crucial do sacrifício, eis que o anjo do Senhor surge e diz: *"Não estendas a tua mão sobre o moço, e não lhe faças nada; porquanto agora sei que temes a Deus, e não me negaste o teu filho, o teu único filho."*

Assim devemos ser diante dos olhos do criador, fiéis que precisam encontrar em si mesmos, o lugar onde a partícula divina está situada e pode ser acionada. Claro que evoluímos, e nossas provas de fé hoje são diferentes, porém às vezes fracassamos mesmo nas menores delas. Nos falta coragem de sacrificar coisas insignificantes, supérfluas e até mesmo sem nenhum efeito nutritivo em nossa vida. Falhamos no que é simples e depois buscamos explicações no que é complexo. Parece que muita gente hoje não tem religião, mas sim problemas que desejam que a religião solucione. Utilizam a energia religiosa como uma moeda de troca através de promessas de solução de seus *"enroscos"*, os quais conseguiram sozinhas e agora querem compartilhar o religioso. Quando um grande sacrifício estiver em seu caminho, é sinal de que algo impossível está para acontecer.

Hebreus 12:6

O SENHOR
CORRIGE
A QUEM
AMA

Todos já passamos por adversidades e provavelmente elas ainda estarão nos caminhos que nos esperam no futuro. Nossa reação a muitas delas pode ter sido diferente, para algumas encontramos forças para enfrentar, para outras entramos em depressão, e talvez para a mais difícil delas despertamos em nosso coração o desejo de fugir daquilo em um estalar de dedos.

Todos os degraus que pulamos na vida poderão nos faltar na escalada final de nossos passos. Não há como fugir, só nos resta enfrentar, mesmo que seja necessário apenas ficarmos ali estáticos sem reação assimilando os golpes em nossa direção. Mas tudo isso tem uma razão especial: *"Porque o Senhor corrige o que ama e açoita a qualquer que recebe por filho."*

As chibatadas da vida são uma tentativa de nos aprimorar como pessoa perante nossa fé, vindas da mão do Senhor, e quando não compreendemos isso nos afastamos Dele, imaginando que fomos esquecidos ao nosso próprio destino ou ao destino que o mundo está nos impondo. Despertamos então um sentimento de indignação e dúvida, o qual nos coloca reféns da situação e não nos ajuda a encontrar meios para vencer qualquer adversidade, tornando-nos presas e vítimas fáceis para a diversão da legião das trevas.

Quando um pai tem amor por seu filho ele não mede esforços para deixá-lo no caminho reto das probabilidades existenciais que farão dele um exemplo de ética e fé diante da vida, assim é o nosso Criador. Não tenha vergonha ou guarde alguma dor ou mágoa por dificuldades que já enfrentou, as quais possivelmente tenham lhe colocado de joelhos, estar de joelhos é uma posição que nos aproxima dos ouvidos de Deus.

Continue com perseverança, as pessoas não falham porque desistem, mas sim pela razão de desistirem quando falham. Tudo que passamos são probabilidades que entram para o índice de nossa curva de aprendizado, são fatos que elevam nossa qualidade como pessoa e oferecem consistência a nossa maneira de ser.

Salmo 141

NÃO BASTA
PEDIR
TEMOS DE
FAZER

A oração é uma forte manifestação de nossa fé, mas não é o suficiente dizer todos os dias: *"Senhor a ti clamo, dá-te pressa em acudir, inclina teus ouvidos à minha voz quando te invoco. Suba à tua presença a minha oração, como incenso e seja o erguer de minhas mãos como oferenda vespertina."*

Pedir requer um compromisso imensurável de que estamos prontos a fazer a nossa parte dentro de tudo que depende exclusivamente de nós, nem tudo depende exclusivamente do Criador, existem momentos em que ele precisa de nossas mãos para dar o nó em nossa corda do destino. Quem pede e não faz fica no vazio da esperança que nunca alcançará a realização desejada. Fazer é nossa missão diante das bençãos que recebemos, se o Céu atendesse todos os nossos pedidos teríamos bons problemas além dos normais, pois muitas vezes não estamos preparados nem para pedir, estamos mais perto de nossas vontades do que de nossa fé existencial. É algo como seguir uma religião pelo fato dela atender nossos anseios embora não encontre eco em nossa fé, é algo relacionado mais ao interesse do que à religiosidade que nos aproxima do reino de Deus.

Algumas pessoas só pedem e outras só fazem, nenhuma das duas chega aonde quer, pois pedir e fazer são duas linhas que devem estar paralelamente em direção ao seu destino. Pedir abre nosso coração em direção ao Criador e recebemos dele inspiração para que possamos ter pensamentos e ideias na direção de nossa real caminhada e fazer nos mantém nesse caminho sem nos afastar do nosso destino. Na mão direita de Deus está escrito: Ore, e na mão esquerda: Faça. Somente com essas duas forças Ele consegue nos amparar com suas mãos. E quando nos alinhamos com esses dois itens podemos esperar com tranquilidade por um momento de glória máxima que é quando Ele percebe nosso coração e nos abraça como filhos ao seu lado direito. Quem ora está pronto para lutar, quem faz está vencendo a luta.

Deuteronômio 32:4

OS CAMINHOS DO DIVINO SÃO ESTRANHOS

Não é fácil entender os caminhos que nos são entregues durante nossa vida e a razão de cada um deles. É muito difícil entender por que nos casamos com determinada pessoa e depois nos separamos; por que entregamos nossa amizade sincera a alguém que mais tarde nos decepciona; por que aquilo que pensávamos ser nossa mais importante realização se torna o nosso maior pesadelo; por que nos cuidamos e uma doença inesperada chega; por que um filho que amamos tanto não conseguimos compreender; por que as coisas que mais fugimos são as que mais nos acontecem; por que pessoas boas sofrem e as más parecem ter uma vida que não merecem...

Perguntas que muitas vezes, ou melhor, na maioria das vezes não encontramos respostas que nos esclareçam e ficamos ali derretendo nossos esforços em um lago de dúvidas e indecisões que nos torna vulneráveis, causando uma sensação de vazio na alma e no coração. Existem perguntas que não devem ser feitas, existem perguntas que devem ser respondidas e existem perguntas que não têm respostas. Não é fácil distinguir diante de qual estamos em determinados momentos da vida. O segredo tem um preço, mas a verdade também.

Essas dúvidas podem nos assolar todos os dias, mas uma certeza deve ser nossa bússola do destino: *Deus é rocha, cuja obra é perfeita, porque todos os seus caminhos justos são; Deus é a verdade, e não há nele injustiça; justo e reto é.*

Questionar os desígnios divinos nos afasta dessa certeza, aumenta a escuridão de nossas dúvidas, nos fragiliza e ficamos em desvantagem numa luta que temos tudo para vencer. Deus é um grande tricoteiro, nós não sabemos o que ele nos concederá, mas se vem dele existe uma razão a cumprir mais do que a nossa própria razão. Aceitar nos coloca em uma posição de maior poder de reflexão e compreensão onde podemos fazer uso de nossos dons para decifrar os enigmas que nos são impostos pelo destino. A linguagem de Deus é enigmática, mas é sempre a nosso favor embora seja de difícil compreensão.

Salmo 56:11

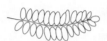

A CONFIANÇA
PODE
GERAR
FORÇA

O fator confiança foi decisivo em muitas situações ao longo da evolução da humanidade, mas a ausência desse fator criou e ainda cria um buraco negro entre as pessoas onde uma ponte jamais pode ser construída e assim ninguém pode atravessar.

Quando ainda garoto prestava expediente em uma mercearia na esquina de minha casa, sempre pela manhã, ajudava na venda do pão e leite, nos tempos do leite em litro e do pão em bengala ou filão. O dono da mercearia não fazia questão de receber quando as pessoas estavam sem dinheiro, ele marcava tudo em uma caderneta, um caderninho com espiral, ali ia o nome, o dia e o valor. Todo seu faturamento estava ali, sem nenhum outro comprovante ou prova de que aquelas pessoas deveriam quitar seus débitos. Todo dia dez de cada mês, aquelas pessoas da caderneta, sem exceção, lá compareciam para quitarem seus débitos e abrirem uma nova folha de débitos naquela caderneta. Lembro-me que o dono da mercearia sempre dizia que aquela caderneta era um símbolo de confiança em seus clientes e que nunca ninguém ficou sem quitar seus débitos.

A confiança hoje está em uma baixa terrível, e tudo começou quando o ser humano passou a não confiar nele mesmo e a pensar em coisas que poderiam lhe dar vantagem criando nos outros imagens a sua própria semelhança, medindo os outros com sua própria régua.

São filhos que não confiam nos pais; pais que não confiam nos filhos; casais que vivem em plena desconfiança entre si; no mercado de trabalho então, nem vale comentar como a confiança está desaparecida. Tememos que outros possam nos fazer coisas que jamais poderiam fazer, e vamos nos precavendo tanto contra tudo e todos até terminar entrincheirados em um mundinho solitário, temendo até olhar por uma fresta de oportunidade. Ganhamos um presente de alguém e já vamos pensando: *O que será que essa pessoa vai querer de mim?* Parece que tudo funciona por interesse. Quando não confiamos nas pessoas, atribuímos a elas algo que nem sempre é verdadeiro.

 "Em Deus tenho posto a minha confiança; não temerei o que possa fazer o homem."

Mais do que temer os outros pela falta de confiança, devemos temer a nós mesmo em nossos pensamentos, julgamentos e visões distorcidas de quase tudo. Quando colocamos luz em nossos olhos o mundo fica iluminado.

Atos 9

NA ESCURIDÃO PODE ESTAR A LUZ QUE BUSCAMOS

No caminho de Damasco, de posse de cartas para as sinagogas e autorizando a prisão dos seguidores de Jesus, Saulo de Tarso é surpreendido por uma intensa luz e pela presença de Jesus em uma visão que o deixaria cego por três dias, até seguir as instruções de encontrar Ananias para curar-lhe.

Foram três dias em total escuridão para um homem acostumado a perseguir, dar ordens e realizar aquilo que julgava ser o correto. Três dias de uma cegueira que lhe causou profundas reflexões sobre ele mesmo e sua maneira de viver e tratar as pessoas e o mundo. Uma escuridão que o conduziu à luz e o transformou em Paulo, um dos mais importantes apóstolos de Jesus e um dos mais influentes escritores do cristianismo.

Às vezes, estamos tanto no *"automático da vida"* que não percebemos a diferença entre a realidade da existência e a realidade do mundo. Estamos tão focados em coisas que nos afastam de nossa verdadeira essência e nem percebemos. É quando a vida nos dá provações para tentar deter nossa trajetória de insensatez e insensibilidade em relação a nossa família, nosso trabalho, nossos amigos e nossa crença. Somos abatidos por uma cegueira, que nos deixa encurralados em um labirinto, impulsionados a voltar para nosso interior e buscar a luz que guiará nossos olhos. Nem todos conseguem, e muitos continuam seu caminho como cegos achando que aquela escuridão é uma nova maneira de ver as coisas.

Aqueles que conseguem em meio às provações rever seus princípios, seus valores, sua maneira de viver, são os que realmente aprendem e desfrutam das lições das provações, todas têm uma lição intrínseca que nada vale se não tocar o interior do coração e da alma de quem a vivencia.

As provações e desafios são como a luz do caminho de Damasco que cegou Saulo de Tarso, tem como objetivo nos frear em nossa conduta fora de rota e nos causar meditação sobre como devemos ser quando tivermos outra chance, elas são uma escuridão que conduz para a luz.

Provérbios 19:2

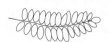

O IMEDIATISMO
NÃO É
UM ALIADO

De gerações em gerações uma das características que as pessoas vêm perdendo, talvez seja a melhor maneira de observar as coisas acontecerem em nossa vida, ou seja: todos estão com muita pressa em fazer tudo. Grande parte das pessoas está pulando fases importantes de suas vidas, as quais são necessárias como colunas de sustentação no decorrer de suas realizações para mantê-las saudáveis.

Estão correndo muito e aprendendo pouco, e quando se corre muito e se aprende pouco a vida nos dá muito menos do que poderia nos ofertar. *"Assim como não é bom ficar a alma sem conhecimento, peca aquele que se apressa com seus pés."*

Pecamos contra nós mesmos quando ignoramos a beleza do caminho para focar o final do destino. Somos construídos por tudo aquilo que vivemos, além de uma dose remota de memória genética. Quando pulamos com pressa fases de existência, vamos criando os vazios que depois teremos de vencer em nossa mente e nossa alma.

Não tenha pressa para viver, o tempo tem seu próprio jeito de nos ensinar, de nos colocar no caminho e de nos fazer entender mais sobre nós mesmos. Faça em um dia aquilo que pode fazer em um dia, permita que vida fale com você, não passe direto pelas coisas simples, elas são as mais importantes em nosso caminho. A pressa antecipa nossa chegada, mas cria névoas em nosso destino. O beijo que deixamos de dar em nossos filhos hoje pode fazer a grande diferença na formação deles amanhã, dizer eu te amo para sua cara metade hoje pode ser o elo mais forte de sua união amanhã, realizar as coisas no tempo delas pode ser a diferença entre vencer e viver tentando vencer.

O tempo é nosso aliado e não nosso perseguidor, podemos ter nele a confiança de felicidade e realizações desde que não o desperdicemos com a pressa que traz a ilusão de encurtar o caminho quando na verdade está nos afastando do destino. Viver sem pressa é ter a sabedoria do tempo a seu favor. Não salte pela vida, caminhe.

Hebreus 13:5

O MEDO DE
PERDER ALGO
NOS AFASTA
DESSE ALGO

A avareza representa o medo de perder algo que se possui, a pessoa cuida deste algo de maneira egoísta, com sentimentos de posse permanente. Não se preocupa em vivenciar esse algo, apenas quer ter poder sobre ele e sentir que não o perderá.

Existem muitos comportamentos onde as pessoas estão mais preocupadas em perder do que em manter e preservar a prosperidade de alguma coisa. Isso acontece nos relacionamentos, no trabalho, na família e até nas crenças. São diversas as maneiras de manifestar a reação de avareza: no relacionamento, o ciúme; no trabalho, a individualidade; na família, a supremacia; na crença, o absolutismo. Todos esses comportamentos são vizinhos conjugados da avareza.

Quando se pratica a avareza em alguma área de nossa vida, deixamos de cultuar as coisas boas dessa área para ficarmos nos atormentando com atribulações que nos trazem preocupações por fatos que talvez nunca venham a fazer parte de nossa vida *Sejam vossos costumes sem avareza, contentando-vos com o que tendes; porque ele disse: Não te deixarei, nem te desampararei.*"

O profundo descontentamento com o "ainda se possui" deixa distante a valorização daquilo que já se possui. As coisas mais importantes de sua vida são aquelas que estão em suas mãos, as que ainda estão fora de alcance merecem sua atenção, planejamento e estratégia. Não perca o dia de hoje por um amanhã que ainda está distante. Valorize ainda mais as pessoas que te amam, as oportunidades que têm agora e a possibilidade de seguir em frente todos os dias. Às vezes, as coisas que mais tememos são as primeiras que nos acontecem, não tema pelo que tem, viva pelo que tem e faça planos com o tempo que dedica à hipótese de perder algo. Quem vive para manter não encontra força para conquistar. Acredite no bem, pois só o bem sempre encontra o verdadeiro caminho. Seja simples em sua visão das coisas e o universo será generoso em lhe conceder o que é necessário para sua felicidade. Sofremos pelo que não temos e deixamos de ser felizes com o que temos.

Lucas 4:5-8

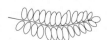

TENHA FIDELIDADE AOS SEUS PRINCÍPIOS

Durante a vida vamos nos deparar com fatos e pessoas que podem nos causar indignação, outros que podem nos tirar do rumo, alguns que podem nos fazer duvidar das coisas que acreditamos e até mesmo aqueles que nos fazem abandonar nossos princípios deixando-nos levar por caminhos da escuridão disfarçados de luz.

"E o diabo, levando-o a um alto monte, mostrou-lhe num momento de tempo todos os reinos do mundo. E disse-lhe o diabo: Dar-te-ei a ti todo este poder e a sua glória; porque a mim me foi entregue, e dou-o a quem quero. Portanto, se tu me adorares, tudo será teu. E Jesus, respondendo, disse-lhe: Vai-te para trás de mim Satanás; porque está escrito: Adorarás o Senhor teu Deus e só a ele servirás."

A todo o momento devemos nos lembrar de que são as tentações do mundo que nos afastam de nosso destino, é a superexposição na mídia de coisas que o mundo precisa vender que nos convencem de que a partir do momento que conhecemos aquilo não podemos ficar sem, mas ficamos sem até aquele momento.

Antes de decidir por caminhos disfarçados pergunte ao seu coração se isso está lhe mantendo na direção do Senhor, se isto lhe tornará uma pessoa melhor ou pior, uma autoavaliação diária é um ato de coragem que pode nos salvar das tentações impostas pela vida. Um breve desvio de conduta é como a teoria da borboleta na teoria do caos, analisada por Edward Lorenz: *"O bater de asas de uma simples borboleta poderia influenciar o curso natural das coisas e, assim, talvez provocar um tufão do outro lado do mundo."*

Muitos desvios de conduta que achamos ser insignificantes hoje podem tomar proporções fora de controle no futuro. Não é fácil resistir a certas *"tentações"* que nos afastam de nossa essência, mas é necessário para não sofrermos consequências desastrosas lá na frente. Só há uma maneira de resistir: tendo nas normas do Senhor o nosso guia e nossa fonte de consulta diária, mesmo que exista dor ao negar a tentação, haverá felicidade ao viver longe dela.

Marcos 11:1-9

MANTENHA SEU ESPÍRITO HUMILDE ATRAVÉS DO EXEMPLO

Não são as coisas que temos que definem quem somos, não é a maneira pela qual exibimos nossas posses que mostram o que somos capazes de realizar. Muitas pessoas acreditam que manter o status ou andar na última moda lhes atribui significados internos. Nada contra sucesso material, mas é necessário refletir se ele não está afetando nossas essências e nos afastando da verdadeira pessoa que existe em nós. As posses materiais são importantes pontos de referência quando se trata de realizar coisas e compartilhar feitos que tragam benefício às pessoas e ao mundo. Vencer é o nosso destino e nossa missão, mas no que nos transformamos enquanto vencemos é a grande questão.

"E, logo que se aproximaram de Jerusalém, de Betfagé e de Betânia, junto do Monte das Oliveiras, enviou dois dos seus discípulos, E disse-lhes: Ide à aldeia que está defronte de vós; e, logo que ali entrardes, encontrareis preso um jumentinho, sobre o qual ainda não montou homem algum; soltai-o, e trazei-o. E, se alguém vos disser: Por que fazeis isso? dizei-lhe que o Senhor precisa dele, e logo o deixará trazer para aqui. E foram, e encontraram o jumentinho preso fora da porta, entre dois caminhos, e o soltaram. E alguns dos que ali estavam lhes disseram: Que fazeis, soltando o jumentinho? Eles, porém, disseram-lhes como Jesus lhes tinha mandado; e deixaram-nos ir. E levaram o jumentinho a Jesus, e lançaram sobre ele as suas vestes, e assentou-se sobre ele. E muitos estendiam as suas vestes pelo caminho, e outros cortavam ramos das árvores, e os espalhavam pelo caminho. E aqueles que iam adiante, e os que seguiam, clamavam, dizendo: Hosana, bendito o que vem em nome do Senhor."

Naquele tempo os reis entravam nas cidades com seus suntuosos cavalos negros ou brancos, cheios de adornos e seguidos por uma escolta e muita pompa. Ali estava um Rei entrando na cidade de maneira humilde, sentado em um jumentinho, o contra ponto da nobreza. Nem por isso Jesus deixou de ser adorado pelo povo e ter seu caminho coberto por ramos e vestes, como símbolo do amor e admiração que aquelas pessoas dispensavam a ele naquele momento. É necessário conseguir que as pessoas nos vejam pelo que somos e não pelo que temos. O interesse pelas coisas se vai com as coisas, o interesse pelo que somos resiste ao longo da vida e fortalece as verdadeiras amizades. Tenha riqueza na vida, mas não perca a grandiosidade do coração e da alma.

Levítico 23:3

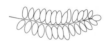

ENCONTRE
TEMPO PARA
AS COISAS
DA ALMA

O trabalho é o melhor programa social e o mais poderoso meio de integração dentro de uma sociedade para honrarmos nossa vida e buscar nossos objetivos. Ele é muito, mas não é tudo. Existem outras coisas que precisamos inserir em nossa agenda, como família, amigos e o espírito.

Conquistar e conquistar deixando rastros de coisas importantes que foram perdidas é como sorrir ao olhar para frente e chorar ao olhar para trás. Nosso passado não pode ser um fardo, não devemos levar bagagens de arrependimento para aonde estamos indo e nem podemos tentar corrigir as coisas quando não há mais tempo. O tempo nos cobra em forma de doenças, estresse, depressão e outros meios que nos tornam vulneráveis embora achássemos que éramos invencíveis. A vida nos freia quando vamos rápido demais deixando para trás coisas que deveríamos ter valorizado mais.

"Seis dias trabalho se fará, mas o sétimo dia será o sábado do descanso, santa convocação; nenhum trabalho fareis; sábado do Senhor é em todas as vossas habitações."

O nosso *"sábado"* pode ser considerado como um *"momento"*, o qual escolhemos para cultuar as coisas de real valor e importância da vida, um momento só nosso, onde o trabalho fica lá descansando um pouco. Nossas "habitações" são nossos afazeres e neles temos de focar atividades relativas à família, a solidariedade, a espiritualidade e a nossa crença. Ninguém chega a lugar algum sem ter inserido em sua vida o culto aos verdadeiros e duradouros valores existenciais.

Encontre esse momento, não o deixe ficar em branco, as coisas nem sempre são como parecem ser e nem sempre o mundo nos exige tanto ao ponto de anularmos nossa essência, isso só acontecerá com nossa própria permissão ou omissão diante do que nos acontece. Somos aquilo que fazemos da vida e não aquilo que a vida faz de nós, somos frutos de nossas escolhas e decisões, toda nossa existência é sustentada por essas duas colunas.

Jeremias 14:9

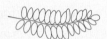

O ACASO
PODE ESTAR
A SEU
FAVOR

Muitas das coisas que acontecem em nossa vida nem sempre temos como prever ou mesmo controlar. Sempre fazemos planos, traçamos metas e alimentamos a esperança de que tudo aconteça da maneira que desejamos. Porém existem fatores não consideráveis em toda nossa expectativa e são eles que nos conduzem por momentos que nos surpreendem de maneira positiva ou negativa.

Para tudo pode haver uma razão, mas nosso conhecimento não nos coloca na condição de conhecer ou descobrir a razão de tudo, apenas temos de aceitar pelo bem ou não e assim nos acostumarmos a conviver com coisas que nos ferem ou coisas que nos amparam. O acaso talvez seja uma força do universo a nosso favor, não contra nós, sempre a nosso favor, um fator que inconscientemente edificamos em nossos pensamentos e geramos um momento vibracional que pode materializar-se mais à frente quando encontrar eco em nossas atitudes. *"Por que serias como homem surpreendido, como poderoso que não pode livrar? Mas tu estás no meio de nós, Ò Senhor, e nós somos chamados pelo teu nome; não nos desampares."*

O acaso pode ser justamente a energia que não nos desampara nas mais difíceis circunstâncias e talvez não tenha um efeito maior ainda em nossa vida por não darmos a ele a devida atenção. Pequenos sinais que acontecem por acaso são manifestações que antecipam coisas em nossa vida e tentam nos dar uma visão ampliada para refletirmos melhor sobre uma determinada temática existencial ou comportamental. O universo avisa através do acaso, mas nossa condição de alienação nos dias de hoje tornam cegos nossos olhos para identificar um sinal a nosso favor.

Quando o vento soprar sinta seu frescor, quando seu filho sorrir sinta seu amor, quando a pessoa que você ama quiser te ouvir deixe só seu coração falar. Quando a vida acenar para você vá de encontro à ela, quando uma mágoa chegar não alimente mais que um instante, quando uma alegria lhe cercar não a deixe escapar. Nem sempre uma vida é feita somente daquilo que planejamos, e a razão é simples: nossa existência não depende exclusivamente de nossos planos, ela tem sua própria essência e desígnios aos quais devemos nos render.

João 11:40

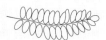

A FORÇA DO UNIVERSO TEM SEU PRÓPRIO TEMPO

É comum termos em nossa vida momentos de aflição e neles tentarmos resolver as coisas como pensamos ser a melhor maneira ou o melhor jeito. Mas, às vezes, quando nos colocamos em meio às nossas próprias confusões descobrimos que não podemos resolvê-las com as mesmas circunstâncias que as criaram. É necessário ter calma, paciência e compasso de espera, embora seja difícil, mas é fundamental. Alguns erros que cometemos em alguns minutos podem nos acompanhar pelo resto da vida se não entendermos a lógica de soluções do universo.

Quando Jesus foi avisado da morte de Lázaro, ele ainda ficou dois dias onde estava e só depois seguiu para Betânia e, com o tempo de viagem, quando chegou Lázaro já estava morto e sepultado há quatro dias. As pessoas ficaram indignadas com o que parecia ser um descaso de alguém que curou tantos e desprezou um chamado urgente como o da enfermidade de Lázaro. Mas Ele não pensou assim, viu naquela circunstância uma oportunidade imensa de fazer valer o poder de Seu Pai.

Disse-lhe Jesus: *"Não te hei dito que, se creres, verás a glória de Deus?"* A crença e a circunstância são instrumentos de formalização de fé e realização de soluções milagrosas. Talvez Ele pudesse curar Lázaro no momento que foi avisado da enfermidade, mas não o fez, aguardou a formação de uma circunstância para atuar em uma solução que entrou para a história da fé mundial.

Em nossa vida não é muito diferente, nossa aflição nos leva a tentar atuar momentos nos quais devemos aguardar novas circunstâncias que possam nos favorecer. Nosso imediatismo nos coloca ainda mais reféns daquilo que desejamos resolver e nos enroscamos mais ainda. Quando sentir que algo está sem solução, faça vibrações por novas circunstâncias que possam lhe favorecer a encontrar um meio de aliviar aqueles problemas de sua vida fazendo-os entrar para sua história, mas não como algo que te prejudicou, mas sim ajudou a lhe fazer alguém ainda melhor.

Mateus 6:26

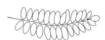

TODA PREOCUPAÇÃO
CONSOME
NOSSA ENERGIA
VITAL

Quando observamos as pessoas nas ruas, no trânsito e no geral em suas atividades é comum sentirmos como tudo anda na vida delas com índices de perturbação além do normal e as tornam preocupadas com quase tudo. Uma preocupação que vai longe, inserida até mesmo em fatos que nem aconteceram ou não possuem a mínima possibilidade de acontecer. É a socialização das coisas intangíveis que tornamos tangíveis por acreditarmos nelas e direcionarmos nossa energia para elas.

Em meio a essa condição emocional perdemos nosso senso de direção, de decisão e muitas vezes nosso próprio contexto de vida, deixando de viver para dar asas às nossas preocupações. As probabilidades de muitas das coisas que nos atormentam em nossas vidas acontecerem depende exclusivamente da capacidade que atribuímos a elas de existirem. Devemos ter precaução diante das coisas, isso é algo estratégico e não nos tira a capacidade de raciocínio, mas a preocupação nos coloca vulneráveis diante das mais simples coisas da vida, que passam a ser fantasmas hábeis em nos assustar, e quem está assustado perde seu reflexo de sobrevivência.

"Olhai para as aves do céu, que nem semeiam, nem segam, nem ajuntam em celeiros; e vosso Pai Celestial as alimenta. Não tendes vós muito mais valor do que elas? E qual de vós poderá, com todos os seus cuidados, acrescentar um côvado à sua estatura? E quanto ao vestuário, por que andais solícitos? Olhai para os lírios do campo, como eles crescem; não trabalham, nem fiam; e Eu vos dito que nem Salomão, em toda a sua glória, se vestiu como qualquer deles."

O universo tem um plano para você e para que esse plano se materialize você não pode estar em estado constante de preocupação, isso mantém fechada sua porta de receptividade e não adianta o plano bater que você não o deixará entrar, a preocupação é uma barreira dizimadora de nosso destino e dos desígnios que herdamos como parte molecular e espiritual do contexto da existência. Tenha precaução em sua vida, mas nos momentos de preocupação lembre que um plano celestial lhe socorrerá se estiver de coração livre.

Mateus 7:2

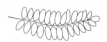

A VIDA ACONTECE ONDE VOCÊ ESTÁ E EM COMO VÊ AS COISAS

Não é tão simples andar pela vida sem expressar nossas opiniões, nossos conceitos e nosso jeito de ser. Mas nem sempre aquilo que vemos onde estamos é realmente equivalente a uma verdade sublime. Buscar a razão e uma verdade dentro de nossos padrões pode nos conduzir por caminhos de muitas tristezas e decepções e o motivo é simples: ninguém é proprietário de uma verdade que seja unanimidade entre as pessoas.

Temos diversas limitações na elaboração de nossos conceitos de existência, assim como em nosso jeito de ver as coisas. Não somos hábeis em julgar ou criticar com propriedades inabaláveis. Temos defeitos que são invisíveis e insensíveis a nós mesmos, porém insistimos em ressaltar em outras pessoas de maneira negativa comportamentos que não se enquadram naquilo que montamos como nossas próprias regras de conduta.

Às vezes, o que achamos que seja defeito nos outros aos olhos de terceiros pode ser uma qualidade que ainda não aprendemos como compreender e respeitar. Temos diferenças, mas isso não é motivo para intrigas ou críticas fervorosas sem precedente ou limite. As coisas acontecem onde estamos e atuamos e possuem a dimensão de nossos olhos e nossa percepção.

"Com a medida com que tiverdes medido vos hão de medir a vós". Quando nos colocamos em posição de avaliar é necessário perguntar a nós mesmos se já não fizemos algo parecido ou mesmo até pior do que a quem criticamos e colocamos em suposto julgamento de conduta. Uma autoavaliação antes de emitir opiniões baseadas em nossa dimensão de conduta pode evitar injustiças e até mesmo clarear nossa mente em relação ao nosso mais profundo íntimo de expressão existencial.

Saber demais sobre como as pessoas devem ou não se comportar pode te inserir em um contexto de observação com indignação em relação às coisas ao seu redor, mas tudo tem uma origem muito pequena antes de se tornar grande, condutas que aviltam a sociedade hoje podem ter tido início num pequeno instante do passado onde uma revolta silenciosa instalou-se na mente e terminou por tomar o comando das coisas de uma maneira egoísta. Quando for medir alguém nos seus princípios de conduta veja se sua própria régua está regulada e conceituada para tal comportamento. Cuidado, às vezes, o que criticamos nos outros é o que devemos mudar em nós mesmos.

2 Timóteo 2:25

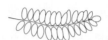

É PRECISO CORAGEM
PARA TER
ARREPENDIMENTO

Durante nossa trajetória acertamos em muitas coisas, erramos em tantas outras e sentimos arrependimento de algumas. Mas temos um ego forte, que não permite que esse arrependimento vá além de nossos pensamentos e habite nosso coração. Errar é um dos caminhos da vida, nem sempre tudo tem de dar certo para se chegar onde é necessário, os erros talvez sejam as trilhas mais curtas até nosso destino.

Entre acertos e erros, surgem as coisas que devemos nos arrepender e tomar uma atitude para livrar nossa consciência delas, mas não é tão simples assim. Carregamos o arrependimento como uma carga ativa em nossa bagagem a qual nos lembra constantemente das dores que sentimos em determinada fase de nossa vida. Não é pecado se arrepender de algo, alias os pecados segundo algumas escrituras, são perdoados quando nos arrependemos, eis o caminho da salvação segundo as escrituras.

"Instruindo com mansidão os que resistem, a ver se porventura Deus lhes dará arrependimento para conhecerem a verdade". Quando nos arrependemos profundamente e sinceramente de algo que fizemos fora do contexto da existência divina, somos tomados por um estado de alívio na plenitude de nosso ser, cortamos as amarras que nos cercam e nos fazem prisioneiros daquilo que já vivemos e não podemos voltar ao passado para mudar. A principal missão do arrependimento é justamente atuar para nos livrar das coisas que fomos capazes de realizar como deveriam ser e nos dar liberdade de seguirmos construindo um futuro melhor do que o passado que nos escravizou em nossas emoções e pensamentos, anulando nossas possibilidades de seguir com nossos reais potenciais.

Não é fácil, mas é simples arrepender-se, e também necessário para nosso espírito e mente seguirem juntos na jornada da existência. É reconhecendo onde erramos ou falhamos que podemos nos tornar pessoas ainda melhores para nós mesmos e o círculo com o qual convivemos.

João 7:6

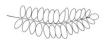

O TEMPO
É NOSSO
BEM MAIS
PRECIOSO

Entre tudo que temos em nossa vida, nada é mais precioso do que o tempo, sem ele nada poderíamos fazer. Mas é impressionante como muita gente ainda não se deu conta disso e desperdiça diariamente seu bem mais precioso, o tempo.

Queira ou não ele está lá todos os dias, esperando por você, pronto para você e, mais do que tudo, está totalmente a seu favor. Como o tempo é nosso bem mais precioso é necessário inserir nele toda nossa atenção. Quando não dedicamos nossa atenção ao tempo estamos promovendo desperdício de nossa preciosidade. Quando se dedica tempo para frequentar uma faculdade e não dedicamos nossa atenção; quando dedicamos tempo a uma amizade e não dedicamos nossa atenção; quando dedicamos tempo a um amor e não dedicamos nossa atenção; nosso bem mais preciso está indo embora para nunca mais voltar, não há como recuperar o tempo perdido, apenas nos resta aproveitar melhor o tempo que está por vir.

"O vosso tempo sempre está pronto". Viva a totalidade da oportunidade que o tempo lhe proporciona, não faça economia em relação a inserir toda sua atenção às coisas de sua vida, somos nós que decidimos sobre o tempo e não ele sobre nós, ele apenas nos serve por ordem do criador e se coloca a todo o momento como nossa porta de salvação e não nosso algoz impiedoso. Dedique seu tempo para cuidar de sua família, de seus projetos, de seus sonhos, de sua crença, de seu amor e do seu destino. Logo notará que o tempo é o maior aliado do universo para sua conquista da felicidade.

Nada ganhamos em deixar o tempo passar sem nossa intervenção, apenas perdemos ainda mais deste precioso tesouro que o universo nos concedeu. Utilize seu tempo com atividades nutritivas e promissoras, pense mais em você e menos, mas muito menos, em tudo que não tem relação com seu bem-estar. O tempo talvez seja o sopro divino vindo de Deus para nos dar uma nova chance todos os dias.

João 3:3

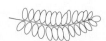

PROCURE POR UMA
OPORTUNIDADE
IMPROVÁVEL

Nem sempre aquilo que buscamos está nas probabilidades que estão ao alcance de nossos olhos, nem sempre aquilo que pode nos tornar diferente fica ao alcance de nossas mãos. O que temos por perto já faz parte de nossa vida, mas o que está longe de nós também poderá fazer parte de nossa vida.

Oportunidades acontecem quando as pessoas se preparam para o momento dela chegar, ela não repara nos detalhes ou na aparência, mas é atenta ao preparo. Às vezes, uma pessoa sabe o que deseja da vida, mas não tem a mínima noção de como se preparar para conseguir aquilo, e sem preparo a oportunidade não chega nem perto.

"Na verdade, na verdade, te digo que aquele que não nascer de novo, não pode ver o reino de Deus". Buscar uma oportunidade improvável é isso, nascer de novo para ver um novo reino a sua volta, avaliar coisas que não poderiam estar lá ou serem verdadeiras, mas se tornam verdadeiras quando as fazemos acontecer em nossas vidas. Boa parte dos avanços tecnológicos vivenciados atualmente são oportunidades improváveis que no passado nem seria possível imaginar, mas hoje são realidades que mudam o mundo, a sociedade e o comportamento humano a cada segundo.

O comum já foi feito, é feito a cada instante, nossa dimensão como seres em expansão anseia por novidades em todos os ambitos de nossa vida, até mesmo no amoroso, onde sublimes surpresas podem ser classificadas como oportunidades improváveis para melhorar ainda mais o relacionamento.

Acorde todos os dias com isso em mente, pense em como fazer algo sem chance de existir nos dias atuais, mas que será capaz de mudar seus dias futuros. Assim é que realmente a vida acontece e faz acontecer, assim é que nos tornamos úteis a nós mesmos e ao mundo, sendo caçadores de oportunidades improváveis.

Jó 42:2

TUDO NA VIDA COMEÇA COM UM PROPÓSITO

A principal energia do cosmo para a sobrevivência do ser humano é o oxigênio e quando acordamos lá está ele pronto para nos servir e prosseguir em sua missão de dar mais vida a tudo que tem vida. Algumas coisas são necessárias para nossa vida, o oxigênio é uma delas. Outras precisam de nosso empenho e de nossa tenacidade de busca incessante. Quando nascemos talvez a nossa missão seja encontrar o nosso real propósito e se não o encontrarmos temos de criar um.

Tudo na vida começa com uma visão de propósito e uma certeza clara em sua mente daquilo que deseja viver. Às vezes, não estamos interessados em problemas, mas os problemas têm um profundo interesse em nós. Para evitá-los ao máximo e dentro de uma distância segura, é necessária uma definição de nosso propósito. *"Bem sei eu que tudo podes, e que nenhum dos teus propósitos pode ser impedido."*

Em todos os lugares existem pessoas que sentem as paredes se fechando e as sufocando lentamente, parecendo apagá-las aos poucos por dentro, embora estejam vivas por fora, sorrindo por fora e chorando por dentro. A vida é um jogo espiritual que você só ganha se descobrir as regras. Dentro de poucos anos você será a mesma pessoa que é hoje exceto pelos livros que leu e tudo aquilo que aprendeu de novo.

Vencer sem um propósito não é possível, não tem lógica e não tem sentido. Valorize os seus ativos e faça um inventário deles, a começar por sua saúde, família, amigos, trabalho e sonhos... Trace um propósito perpendicular a tudo que te faz feliz e pode realmente causar mudanças significativas em sua vida e na vida de outras pessoas. Somos reflexo do que aprendemos e do quando nos comprometemos com nossa própria vida, uma vida sem propósitos é uma vida emprestada pelo destino, não é a sua. Este é o momento, pare tudo, dedique algum tempo a pensar como definirá seu propósito e como será fiel a ele durante os momentos em que se dedica a viver. Mesmos os propósitos mais simples podem lhe conceder coisas grandiosas, pois o propósito tem um efeito multiplicador imensurável.

Colossenses 3:23

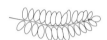

FAÇA TUDO
PRIMEIRO
PARA VOCÊ E
POR VOCÊ

É comum atualmente encontrar pessoas que vivem a vida de outras e não as delas. Fazem tudo pelo outro e não por si, abandonam seu destino para se embaralharem no destino de outros que as afasta cada vez mais de concretizar o caminho de sua própria vida.

São verdadeiros socorristas da vida alheia e não possuem amor próprio, na verdade, querem preencher um vazio que têm através de atitudes direcionadas a terceiros. Nem sempre a ajuda que oferecemos aos outros é a que eles realmente necessitam.

É necessário ter atitudes que realmente estejam em nosso íntimo e não nos afastem de viver a vida que temos de viver: *"Tudo o que fizerem, façam de todo o coração, como para o Senhor, e não para os homens."* Quando entregamos algo sem olhar para trás, sem esperar recompensa ou gratidão, estamos mais do que ajudando alguém, estamos oferecendo um bem ao mundo. Quando nos dirigimos ao Senhor nos colocamos em posição de pedir, receber e doar, assim tem de ser com as pessoas.

É necessário termos meios pessoais em nossa vida, assim como realizar tudo pensando primeiro em nossa estabilidade emocional, sentimental, espiritual e material. Caso contrário, não haverá o que oferecer ou compartilhar. Seria como pular no mar sem saber nadar para salvar alguém. Pense em você, faça primeiro para você, depois compartilhe com alguém que requisite caso seja necessário. As mulheres devem pensar em ficar mais bonitas primeiramente para elas, os homens devem buscar conquistas primeiro para eles. Nada de fazer coisas para provar para um ou para outro que você é capaz, a única pessoa a quem tem de provar algo é para você mesmo. Construa uma vida feliz e plena como se você fosse entregá-la ao Senhor, assim terá o que compartilhar com o mundo e com as pessoas. Infelizes não podem ensinar sobre felicidade. Aqueles que não amam não podem explicar como é o amor.

Filipenses 4:13

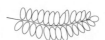

VOCÊ
PODE
VENCER O
MEDO

Talvez um dos constrangimentos mais comuns veiculados pela sociedade seja o medo. Ele é um verdadeiro dizimador de sonhos que tem afastado muitas pessoas de suas realizações. Se tivermos de temer tudo que nos é apregoado seria melhor nunca sairmos para viver pelo mundo. São tantos discípulos que o medo possui e são tantas pessoas que eles conseguem convencer, que se faz necessária uma ação de fé urgente para vencer essa campanha contra o sucesso das pessoas.

É um tal de: "Cuidado com isto, cuidado com aquilo, você não deve fazer isto, não deve tentar desta forma..." Devemos ser precavidos e procurar saber o máximo de informações sobre aquilo que realizaremos, seguir nossa intuição, nosso instinto e acreditar em nossas competências e depois colocar na mão de quem verdadeiramente nos guia em nossa trajetória: *"Tudo posso Naquele que me fortalece."*

Nem sempre nossos problemas possuem a proporção que atribuímos a eles, nós é que ainda somos pequenos diante deles e precisamos crescer para desafiá-los e vencê-los. A melhor maneira é termos o máximo de informação sobre eles e como podemos alternar as soluções e em que momento. Nem sempre estamos preparados para resolvê-los de imediato quando surgem. Nossa aflição muita vezes nos coloca reféns de muitas adversidades de maneira ampliada.

Existem coisas que temos que aguardar que o universo atue para depois agirmos. Fortaleça seu espírito Naquele que te guia, seja forte mesmo na mais profunda dor, ela passará e você permanecerá, pois não existe nada impossível para as pessoas comprometidas com sua crença e vontade.

Ter medo é algo muito comum, é inerente ao processo de sobrevivência humana, mas a nós foi dado um conjunto de capacidades especiais para vencer o medo, deixando-o apenas figurativo e passageiro em nossa vida.

Mateus 18

NADA NOS TIRA DE NOSSO DESTINO

Nem sempre quem é forte hoje foi forte ontem. Encontrar nosso destino tem atalhos perigosos. *"Pois também eu te digo que tu és Pedro, e sobre esta pedra edificarei a minha igreja"*. O mesmo Pedro que cortou a orelha de um soldado romano e tornou-se a pedra da igreja, negou Jesus três vezes e escondeu-se assim como os outros discípulos durante a crucificação.

A tradição nos conta que Pedro morreu entre 64 e 69 d.C. durante a perseguição do imperador Nero. Foi preso em Roma na prisão Mamertina, onde hoje existe a *Igreja San Pietro in Carcere* e que nessa prisão batizou os guardas e foi libertado por eles. Fugiu então pelo caminho de saída de Roma pela estrada Imperial a Via Ápia. Enquanto fugia, Jesus lhe apareceu. Pedro pergunta: *Mestre o que faz aqui?* Jesus responde: *vim para ser crucificado em seu lugar caso não retorne à cidade para morrer como mártir*. Escritos antigos de Eusébio de Cesaria, Jerônimo de Estridão e Tertuliano relatam o fato. Pedro retorna é capturado por soldados romanos e crucificado de cabeça para baixo, por não se considerar digno de sofrer o mesmo martírio que Jesus.

Nossos maiores temores podem nos afastar de nosso destino por algum tempo, mas não poderão fazê-lo o tempo todo. Em algum momento, os prelúdios de nosso destino terão de ser cumpridos. Esses mesmos temores que nos tornam fracos podem nos fortalecer.

Existem momentos nos quais a fuga pode ser o único caminho, mas não significa o abandono de nosso destino. Existe o tempo de se afastar, de se aproximar, até o tempo de questionar a fé e de ver a fé se materializar.

Talvez neste momento você esteja enfrentando alguma adversidade que aperta seu coração, confunde sua mente e te cria dúvidas. Mas não desista mesmo que esteja em fuga, a luz do criador sempre surgirá no momento em que tudo parecer perdido.

2 Timóteo 4

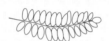

LUTAR E VIVER TODOS OS DIAS

Pela manhã sempre é uma oportunidade de recomeçar, de ir à luta e conseguir atingir nossas metas e desejos. Sempre é tempo de transformação e de buscar novas maneiras de ver o mundo, as pessoas, as coisas que nos aconteceram e mudar, mudar para melhor, mudar para um caminho de êxito e glória.

No caminho de Damasco, Saulo, o perseguidor de cristãos, tem uma visão de Jesus e fica cego. Cura sua cegueira e vive a conversão tornando-se o apóstolo Paulo. Existem fatos em nossa vida que são necessários para que nossa consciência seja tocada, é lá que as mudanças acontecem de maneira esplendorosa.

Toda batalha requer o nosso melhor, nossa melhor condição existencial para que possamos vencê-la e nos fazermos vitoriosos de nós mesmos e do mundo. Em razão de sua obra evangelizadora, o rei Agripa e Berenice, pressionados pelos judeus, tentam condenar Paulo à morte, Ele se defende por ter o título de cidadão romano e escapa. Enviado à Roma no outono de 60 d.C. sob o governo de Festo, fica 90 dias na ilha de Malta por causa de uma tempestade. Chegando a Roma depois de dois anos recebe a liberdade. Surge Nero que o acusa assim como a todos os cristãos de incendiarem Roma. Ele sofre martírio e é decapitado, mas a tradição menciona que não jorrou sangue, mas sim leite, de seu corpo, um símbolo de que a vida está presente.

"*Combati o bom Combate...*" Eis nossa missão, assim como a de Paulo, todos os dias combater o bom combate, dar o nosso melhor, fazer tudo que podemos fazer com aquilo que temos e somos. Nossas ferramentas de luta são nossas competências, inteligência, nossa fé e nossa certeza de que podemos fazer mais do que imaginamos. Fomos forjados para o sucesso e devemos nos encorajar todos os dias nessa certeza e não aceitar tudo aquilo que nos faz acreditar em algo fora desta rota.

João 8:7

ERROS SÃO ETAPAS DA EVOLUÇÃO

Todos já cometemos erros no decorrer de nossa vida, não há exceções, num processo de busca, convivência e evolução, errar é um condicionamento que acontece independentemente de nossa vontade. Muitas vezes erramos pensando estar acertando e quando o tempo passa, percebemos que não era bem assim que desejávamos realizar as coisas ou esperávamos um desfecho diferente.

Erros podem nos causar traumas, dores, culpa e uma consciência repleta de dúvidas em relação a nossa maneira de viver. Pessoas imperfeitas erram, pessoas perfeitas erram e você também erra. Se não errou ainda, errará. Na oração *"Pai Nosso"*, Cristo sabia do efeito dos erros na vida das pessoas, razão pela qual quando erramos essa oração pode nos auxiliar do livramento do peso do ato de errar.

Judas foi discípulo de Jesus, aquele que errou ao entregá-lo por trinta moedas de prata e depois tenta devolver as moedas e comete suicídio ao perceber seu erro. Mas é Jesus que diz a ele: *"Vai e faz aquilo que deves fazer..."* Naquele momento, talvez Judas encarasse aquilo como uma traição e posteriormente um erro que pagou com a própria vida. Porém vale refletir se algum outro discípulo teria coragem de entregar Jesus ao seu destino de promover a redenção da humanidade. Judas errou, mas seu erro deu origem a mais importante página da história cristã, a Ressurreição de Cristo.

Dizem que um erro leva a outro, não é bem assim que funciona. Erros são etapas de nossa evolução, são necessários dentro de um contexto existencial, mas não podem se tornar bloqueadores de nossa vontade de vencer e tão pouco nos limitar a um sofrimento interior. *"Aquele que de entre vós está sem pecado seja o primeiro que atire pedra..."* Não somos seres perfeitos, somos seres imperfeitos no caminho da perfeição, talvez esse caminho não tenha marco de chegada, somente estrada para seguir caminhando, uma estrada que nos transforma e vai nos colocando mais próximos da verdade suprema.

Lucas 17

NÃO SOFRA PELA INGRATIDÃO

Fazer o bem ou ajudar alguém aguardando retribuição, reconhecimento ou gratidão, tem causado momentos decepcionantes na vida de muitas pessoas. O sentimento de que deve haver reciprocidade e de que alguém lhe deve algo pela razão de ter ajudado essa pessoa um dia, é algo que está em sua cabeça, e não na cabeça da outra pessoa.

Quem recebe o bem esquece rápido e quem fez não deve pensar em lembrar. Escreva na areia tudo que fizer por alguém, tudo mesmo e não crie expectativas de como a pessoa que ajudou deveria agir em relação a você, se fizer isto se decepcionará, e muito. Ninguém te deve nada pelo que fez por alguma pessoa, essa é uma visão equivocada da prática do bem. O bem sempre encontra o caminho, mas ele tem de ser etéreo, dissolver-se no universo assim que for praticado.

Deixe de sofrer ou se remoer por supostas ingratidões que foram criadas por sua própria visão de relação com pessoas. Jesus cura dez leprosos na Samaria a caminho de Jerusalém, apenas um leproso volta para agradecer. Ao vê-lo de joelhos agradecendo, Jesus indaga: *"Não foram dez os curados? E onde estão os outros nove?"* Talvez ao longo de sua vida uma pessoa entre tantas que ajudou ou ajudará te agradeça, mas a grande maioria não o fará e isso não pode afligir sua conduta, seus sentimentos ou lhe causar remorso, ou mesmo afastar de você o instinto de auxílio ao próximo.

Não ajudamos os outros pelos outros, mas por nós mesmos, para criar uma sintonia do bem em nossa consciência e nossa conduta, que nos aproxima de sermos profundos contribuidores na melhora do mundo. O mundo pode não melhorar com nossa ajuda, mas o espaço de vida que ocupamos certamente sofre mutação nutritiva. Seja uma pessoa boa e humilde, mas não se deixe humilhar, não permita que seus princípios de bondade sejam abalados pelo não reconhecimento de suas atitudes, tudo que fizer, faça por você.

João 35

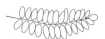

SE TIVER
VONTADE
PODE
CHORAR

Quantas coisas nos acontecem durante a vida, muitas delas nos trazem uma pressão imensa, nos colocam em agonia e sufocam nossa vontade de expressar o turbilhão que ronda nosso interior, nos causando tristeza. Mas dizem que temos de ser fortes e conter nossas lágrimas.

Chorar é uma expressão pura e única, não devemos contê-la e sim deixar que aconteça. Lágrimas possuem ótimos níveis de magnésio, potássio e prolactina. Essas substâncias ajudam a diminuir o colesterol ruim, controlar a pressão sanguínea e fortalecer o sistema imunológico do corpo. As químicas que produzimos em meio a uma condição de estresse podem ser eliminadas pelas lágrimas. A capacidade humana de chorar é um atributo da sobrevivência. Os chorões tendem a ser mais saudáveis que os durões. Chorar mantém ativa sua sensibilidade.

Existem três passagens bíblicas onde se pode constatar que Jesus também chorou: na ressurreição de Lázaro, em Betânia ao saber de sua morte; sobre a cidade de Jerusalém; e no Monte das Oliveiras. O filho de Deus se fez homem e também expressou seus sentimentos em momentos difíceis de sua passagem pela terra com lágrimas. Imagine nós... Solte seu coração quando tiver de soltar, não reprima seu choro no momento em que ele surgir e surgirá, a partir de agora ou por uma questão religiosa de aproximação com Cristo ou por uma questão de saúde, permita que suas lágrimas lavem sua alma e seu corpo, retirando de seu íntimo sentimentos nocivos ao seu coração e ao seu espírito. Talvez as lágrimas mais profundas tenham sido as de Maria ao pé da cruz de seu filho, mas que se transformaram em felicidade ao saber de sua ressurreição. Lágrimas podem se transformar em felicidade se não deixarmos escorrer com elas nossa fé, nossa crença e nossa certeza de que somos apenas sensíveis e não fracos quando choramos.

Gênesis 17:2

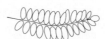

A TEOLOGIA DA
PROSPERIDADE

A prosperidade tem sido um meio pelo qual a humanidade pode transformar sua vida e o mundo, cumprindo uma palavra do Senhor desde o início dos tempos, quando Deus diz para Abraão: *"E porei a minha aliança entre mim e ti, e te multiplicarei grandissimamente."*

A miséria não é uma vontade do universo, os planos divinos são sempre grandiosos para com as pessoas, porém as pessoas é que se tornam pequenas diante da tradição de receber o máximo e continuam a se contentar com o mínimo. Somos responsáveis por tudo àquilo que conquistamos ou deixamos de conquistar, somos os senhores de nosso destino.

A teoria da abundância está disponível ao homem desde o início dos tempos. É uma fonte de sabedoria e grandeza, mas é necessário caminhar em direção à ela e não esperar que ela chegue até nós. O que temos por dentro acaba sendo expresso em nossa vida. É necessário elaborarmos melhor nossos valores, princípios, maneira de ver o mundo e nossa vontade de sermos vitoriosos em nossos desafios.

Deus, em sua grandeza, afirma que cada um de nós também é expressão de grandeza, com a coragem de conquistadores e o coração de quem doa muito por receber infinitamente mais do que doa. O universo é energia abundante. Nossa mente é muito crítica e nos afasta por conceitos limitadores dessa energia abundante. A riqueza do universo se manifesta de diversas maneiras, mas somente através de nós como instrumentos. Prosperidade é uma escolha, é uma decisão, é uma atitude, ela é uma comprovação da existência divina em nosso benefício.

Quando a determinação se faz presente, solução é fator comum. Perpetue em sua vida crenças nutritivas e realizadoras com poder de auxiliar a você e ao próximo. A verdadeira pobreza reside em nosso espírito em nossa escuridão pessoal, e não poderemos vencê-la se não inventarmos uma nova realidade existencial nos permitindo ser abençoados pela abundância celestial.

Lucas 18:16

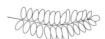

USE AO
MÁXIMO
SEU
SORRISO

Em termos religiosos vem se instaurando uma imagem de que pessoas iluminadas não sorriam, e ao longo da Bíblia, por exemplo, não se encontra menção de que Jesus um dia sorriu. Assim, a imagem sóbria e séria daqueles que possivelmente buscam por uma benção é sempre com expressões de dor, sofrimento, cânticos de lamento sem um sorriso.

Na vida muitas pessoas repetem essa condição ao buscarem suas realizações. Preferem falar de seus problemas, de seus desafetos, de suas incertezas e de suas estratégias que não funcionaram. Parece que a tristeza pode conseguir mais do que a alegria segundo os ritos de algumas religiões. Talvez esse não seja o tom, talvez as pronúncias em latim no início das pregações tenham causado a sensação de que devemos ser brandos e submissos ao desejar algo do Senhor e da vida.

Embora a Bíblia não traga relatos de que Jesus sorriu, existem muitas passagens nas quais ele não poderia deixar de sorrir: *"Deixai vir a mim as crianças, e não os impeçais, porque deles é o reino de Deus."* É impossível se cercar de crianças e não sorrir com elas, neste momento. Ele sorriu com absoluta certeza e mostrou a importância de um sorriso, esse que pode ser uma expressão de uma benção ao nosso redor.

Sorrir proporciona endorfina, bem-estar e traz vantagens aos sistemas cardiovascular, respiratório e imunológico, além de aliviar e dar serenidade a qualquer relacionamento que esteja sendo promovido. Procure encontrar em suas atitudes do dia a dia motivos para sorrir, para enaltecer essa possibilidade de fazer as coisas acontecerem de maneira natural e promissora a seu favor. Comece o dia sorrindo, vá ao encontro de alguém sorrindo, feche um negócio sorrindo, use ao máximo essa forma energética de abreviar caminhos para conquistas e bem-estar. Sorrir ainda libera no cérebro *betaendorfina*, e quem tem uma boa produção desse hormônio vive mais e melhor.

1 Reis 3:9,12,13

SUCESSO E
RIQUEZA

Parece que para a maioria das pessoas a vida gira em torno de sucesso e riqueza, ou riqueza e sucesso. Em toda história da humanidade talvez não tenha existido um rei com tanto sucesso e riqueza como o Rei Salomão. Aos 12 anos coroado para governar Israel tinha muito medo de fazê-lo, foi então que Deus apareceu para ele e perguntou o que ele queria. Salomão respondeu: *"Dá, pois, a teu servo um coração entendido para julgar o teu povo, para que prudentemente discirna entre o bem e o mal..."* Salomão poderia ter pedido para Deus o que desejasse, mas pediu apenas sabedoria. E o Senhor respondeu: *"Eis que fiz segundo as tuas palavras; eis que te dei um coração tão sábio, que antes de ti igual não houve, e depois de ti igual não se levantará. E também até o que não pediste te dei, assim riquezas como glória de modo que não haverá um igual entre os reis por todos os teus dias."*

A maneira como pedimos ao universo as coisas que desejamos não é na linguagem que ele espera de nós. Mantemos nossos pedidos nisto, naquilo, em uma coisa e outra coisa, quando deveríamos nos concentrar em pedir o que gera o sucesso e a riqueza e não pedir sucesso e riqueza. Sabedoria para decidir entre todas as oportunidades que surgem na vida da melhor maneira para gerar resultados promissores a nossa existência e ao mundo, eis o segredo maior do Rei Salomão, o qual podemos praticar todos os dias e nos fazer ouvir.

Somos orquestrados por leis de conduta que regem o universo físico. Elas existem mesmo sem a nossa crença nela e agem independentemente de nossa vontade. Podemos estar sintonizados nela ou não, mas se estivermos poderemos usufruir dos seus benefícios existenciais que podem trabalhar por nossas realizações. Devemos buscar a sabedoria e o conhecimento da mesma maneira que buscamos prata, ouro, sucesso, riqueza ou qualquer outra coisa relacionada a tesouros terrenos. Somente dessa maneira nos será acrescentado o que necessitamos.

Lucas 5:5

RIQUEZA E
SUCESSO

Esforço empregado de maneira incorreta não gera resultado, muitas pessoas são super esforçadas, mas não têm estratégia, trabalham demais e não chegam onde querem chegar. Riqueza não traz sucesso e sucesso não traz riqueza. Nossos rendimentos crescem na mesma proporção que crescemos em nosso interior e em nossa mente. Antes de tentar mudar o que está ao alcance de seus olhos, precisa mudar o que está ao alcance de seu espírito e mente. Estamos em um sistema operante de causa e efeitos relativos às nossas ações. Pensamentos geram emoções, sentimentos provocam atitude e atitudes fazem surgir resultados.

Somos muitas vezes traídos por nosso subconsciente quando ele tem de decidir pela lógica e emoção, as emoções levam a melhor e nem sempre a emoção está com razão. Precisamos nos conscientizar de que não podemos mudar algo que ignoramos; devemos compreender a origem do nosso modo de pensar; fazer a dissociação daquilo que está contra nós nas sombras de nossa mente e redirecionar nossa visão para aquilo que realmente desejamos. Pensamentos não habitam graciosamente nossa mente, eles podem ser um modelo de investimento ou de despesas, terminam por levar a pessoa na direção do sucesso ou não, tornando-as fortes ou fracas.

A frase pronunciada por Pedro a Jesus: *"Mestre, trabalhamos a noite toda e não pescamos nada."* Jesus mostra onde jogar a rede e a pesca é farta. Onde jogar a rede? Isso é o que precisamos aprender a buscar em nosso interior, na voz da expressão divina que nos rodeia o caminho para nossos sonhos e nossa felicidade. Nossa rede tem a ver unicamente com nosso modo de ver o mundo e nossa consciência.

Provérbio 18:21

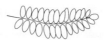

TENHA UMA
DECLARAÇÃO
DE VIDA

O que pensamos de nós mesmos e do mundo, assim será. Poucas pessoas têm uma declaração de vida, ou seja, uma oração para si mesmo, a qual antes de sair de casa pronuncia e entrega aos desígnios do universo. Quando vamos para o mundo, ele nos pergunta subliminarmente o que desejamos dele, se não falamos nada, ele nos dá nada; se reclamamos dos problemas, ele nos dá problemas; se resmungamos sobre as pessoas, ele coloca em nosso caminho pessoas sobre as quais possamos resmungar.

A declaração de vida é sua segunda certidão de nascimento, ela prova que você existe e que faz parte da generosidade abundante do sistema universal do dar e receber. Elabore uma hoje, é muito simples, ela deve conter: quem é você; o que deseja oferecer ao mundo e às pessoas; o que deseja receber do universo e um agradecimento. Não faça devaneios, faça uma declaração direta, a vida tem mais a te oferecer do que você imagina. Você pode ir mudando a sua declaração de vida assim que for conseguindo o que declarou e inserir outros itens para compor sua existência.

Usamos muito pouco ou quase nada o poder da palavra, um elo grandioso que nos liga ao planeta e ao universo, evoluímos através dela, expressamos nossas emoções através dela, promovemos transformações imensas através dela, agora chegou a hora de usá-la em nosso total beneficio de vida. *"A língua tem poder sobre a vida..."* Tudo que nos foi passado na vida, foi mais falado do que mostrado, são as palavras que conseguem tocar nossa alma e nos fazer melhores ou piores, depende de sua interpretação. Aprenda a usá-las em seu total favor como há muito tempo nos foi mostrado nas escrituras. Foi ela que o Criador usou para se comunicar com sua criação, foi ela que o Criador usou para ilustrar Moisés no Sinai e será com ela que sua vida será como você se autodeclarar. Leia sua declaração de vida todos os dias.

Gênesis 2:2; 3

A GRANDEZA DE CADA DIA

Cada dia não é simplesmente um lapso no tempo ou no calendário, é uma nova oportunidade, é um novo momento para recomeçar, inovar, criar e caminhar rumo ao seu destino generoso. Ele não tem nada a ver com o que temos, mas sim com o que somos. É um momento de escolha, é um momento de pegar o que lhe pertence por merecimento e doação do universo. Todos os dias têm um significado, caso não possa notar, crie um significado para cada dia de sua vida, que deve conter: contribuição, sacrifício, caridade, gratidão, humildade, visão, criatividade e singularidade.

Os dias nos tornam o que somos, temperam nossa alma e podem reescrever nossos sonhos, são uma nova chance de superar nossas adversidades por meio de nossa capacidade de adaptação, perseverança, perdão e humor. Ao dia devemos atribuir a chance de harmonizar nossas partes ressaltando nossas prioridades, nosso equilíbrio, nossa simplicidade e nossa renovação.

O dia foi consagrado neste momento: *"Deus concluiu no sétimo dia a obra que fizera e no sétimo dia descansou, depois de toda obra que fizera"*. Note que Ele não pronunciou momento, instante ou tempo, Ele pronunciou *"dia"*, foi então que o "dia" ficou sacramentado e deve ser tratado com um presente do Criador. Trate seu "dia" como ele realmente merece, como algo sagrado. Temos de respeitar e enaltecer as coisas sagradas, fazer delas parte divina em nossas vidas. O valor que atribuir ao seu dia ele retribuirá a você, esta é missão do "dia", ele tem uma grandeza imensurável colocada à disposição das pessoas. Ele é um espelho de nossos anseios, de nossa fé e de nossa tradição como seres humanos. Nossa vida é composta por cada "dia" de nossa existência e talvez quando chegarmos às portas do céu a pergunta que teremos de responder ao Criador será: O que fizeste com seus sagrados dias?

2 Samuel 6:14

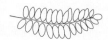

COMEMORE SUAS
CONQUISTAS

Não existe conquista grande ou pequena, toda conquista é única e ímpar na vida das pessoas e representa um determinado momento muito especial. A comemoração é uma maneira de enaltecer algo que foi conquistado, e para conquistar sempre houve um esforço extra, um empenho fora da regra e uma dedicação além da média.

O Rei Davi, em uma das passagens da escritura do Velho Testamento, *"dançou com todas as suas forças diante do Senhor vestindo um éfode de linho, uma vestimenta sacerdotal, foi um momento de comemorar o retorno da Arca da Aliança a Jerusalém"*. Existem muitos relatos de comemoração de conquistas na Bíblia, todos uma expressão de gratidão pelo que foi acrescido em suas vidas.

Toda vez que algo for acrescido em sua vida, seja mais um aniversário, mais um cliente, uma vitória justa, um presente... Comemore, conquistas comemoradas perpetuam uma energia sem igual e estabelecem uma linguagem cósmica com o universo de que aquele acontecimento foi relevante e você adorou, invocando assim a regra da repetição de conquistas.

Na linguagem cósmica quem não comemora não ficou feliz e se não ficou feliz a regra da repetição não atua. Nascemos para ser felizes e expandir essa felicidade pelo etéreo. O que geramos vai nos conduzir e nos guiar. Quando você vai à casa de um amigo e gosta de um prato, normalmente, quando voltar o amigo vai fazer questão de lhe agradar e servir o prato que gostou, se não gostou ele não servirá mais. Assim é a mesa do universo, ela está sempre repleta daquilo que gostamos, daquilo que agradecemos, daquilo que nos faz feliz, mas se não expressamos essa felicidade ela entende que não gostamos. Somos responsáveis tanto pela abundância em nossa vida como pela escassez, depende de nós, apenas de nós. Comemore até as coisas mais simples que compõem sua vida, é um bom começo para em breve comemorar as conquistas com substancial relevância.

Provérbios 17:17

FAÇA AMIGOS E
CUIDE DELES

Amigos são mensageiros de boas novas ou pontos de reflexão sobre nós mesmos, e muitas vezes um porto seguro ou um ombro onde nosso desabafo pode encontrar um lugar seguro para ancorar. Eles têm defeitos assim como nós temos, eles erram assim como nós erramos, mas são amigos. Muitas vezes o que desejamos mudar neles é o que deveríamos mudar em nós mesmos. Amigos são laços familiares do outro lado do rio onde o DNA não teve influência. *"Em todo tempo ama o amigo, e na angústia se faz o irmão..."*

Aquele que anseia compreender e reconhecer verdadeiramente o valor que, as pessoas têm também saberá como fazê-las felizes e conseguir o melhor de cada uma delas. Amigos são semeados despertando no outro uma necessidade intensa; interessando-se por eles; a melhor vantagem em uma discussão é quando ela não existe; mostrando respeito pela opinião do outro; admitindo quando estiver errado rapidamente; permitindo que as pessoas falem; encontrando ações nobres; sendo uma barreira dizimadora de falações sobre essa pessoa e fazendo que a outra se sinta querida. Quando se busca um amigo, temos de fazê-lo com os dois olhos, quando encontramos temos de fechar os dois e viver a amizade aceitando, compreendendo os defeitos e desafetos. Na maioria das vezes são manifestações do ímpio e não do coração, uma amizade verdadeira habita no coração e apenas está de passagem pela mente. A maioria das amizades que perdemos, mais à frente descobrimos que poderia ter sido diferente. Amizade é um caminho que devemos andar por ele, caso contrário as ervas daninhas vão crescendo.

Para se ter amigos, é necessário ser amigo. Simão de Cirene segundo os Evangelhos sinóticos foi obrigado pelos soldados romanos a carregar a cruz de Jesus até o Gólgota. Em relação a um amigo, quando perceber que ele está carregando uma cruz, não espere alguém lhe interpelar para poder auxiliá-lo como fez Simão de Cirene, vá por sua vontade e livre escolha ajudar seu amigo no caminho do calvário que ele estiver enfrentando.

Atos 2:11

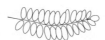

DESENVOLVA
CAPACIDADE DE COMUNICAÇÃO

Pessoas de sucesso desenvolveram maneiras de comunicar suas ideias, seus projetos, seus sonhos e assim conseguem um compartilhamento de suas conquistas e as fortalecerem a todo o momento. Quem não souber fazer uma exposição de seus princípios e valores será solitário em sua busca pelo sucesso.

Assim como a Páscoa, Pentecostes, uma das três festas bíblicas ligada à colheita do trigo, estava relacionada à primavera. Cinquenta dias deveriam ser contatos todas as noites até o quinquagésimo dia chegar. Pentecostes em grego significa quinquagésimo. Onde os primeiros feixes de trigo e o primeiro recém feito eram através de cerimônia oferecidos nos santuários. É uma demonstração de que a terra e seus frutos são de Deus e o reconhecimento do homem a generosidade divina.

Lucas narra a descida do Espírito Santo aos discípulos de Jesus: *"Que o vento enche a casa onde estavam e línguas como de fogo pousaram sobre cada um dos que ali estavam. E todos ficaram repletos do Espírito Santo e começaram a falar em outras línguas conforme o Espírito lhes concedia exprimirem. Por causa do barulho que produziu, muita gente se reuniu e os discípulos começaram a pregar em diversas línguas e todos entendiam a pregação na própria língua."* Depois daquele momento, os doze homens comuns deixam a condição de discípulos e se tornam apóstolos repletos de conhecimento, força e capacidade de comunicação para evangelizarem e saírem pelo mundo por caminhos diferentes. Desenvolva técnicas para se comunicar dentro de sua atividade de existência, o exemplo arrasta, mas a palavra convence. Para as pessoas que têm alguma dificuldade em se comunicar, recomendo as aulas e livros do professor Reinaldo Polito. O Espírito Santo coloca em nossas palavras uma força de sucesso sem igual, temos de aprender a lidar com elas.

1 Coríntios 1:27

DEUS CAPACITA
OS ESCOLHIDOS

Embora a frase: *"Deus não escolhe os capacitados, Ele capacita os escolhidos"*, nos remeta a uma citação Bíblica, em meus estudos Bíblicos nunca encontrei essa citação nas escrituras, mas ela é verdadeira diante das narrativas dos livros sagrados.

Deus sempre escolheu pessoas simples para capacitar e torná-las especiais para a história da humanidade: *Sansão, Profeta Isaías, Profeta Jeremias, Noé, Rei Davi, José do Egito, Daniel, Jonas, Josué, Jó, Jesus e seus discípulos, apóstolo Paulo, São Francisco de Assis...*

Não é tão simples compreender as ações do Senhor, talvez nos afastamos do sucesso por tentar entender as coisas que Ele coloca em nosso caminho ao invés de aceitá-las. *"Mas Deus escolheu as coisas loucas deste mundo para confundir as sábias, e Deus escolheu as coisas fracas deste mundo para confundir as fortes."* Fraquejamos quando estamos encurralados nos fatores humanos da tristeza, da vontade de desistir, do sentimento destruído e tantas outras adversidades que nos rodeiam. Nossa aflição tem de ser transformada em certeza. Todos os escolhidos Dele assim o fizeram em algum momento e foi então que tudo mudou para atingir o sucesso. Não importa o quanto sua mente esteja confusa neste momento com as coisas que lhe aconteceram, a mente dos escolhidos também ficou, mas eles não se deixaram vencer, acreditaram que eram escolhidos e venceram. Você também é uma pessoa escolhida, não questione, faça a entrega, aceite que o caminho é tortuoso, mas o destino vale cada lágrima, cada tristeza, cada decepção, cada sofrimento, cada desespero que possa ter enfrentado. Quando parecer que Deus te abandonou, não esmoreça, é porque Ele estará bem a sua frente fora do alcance de seus olhos, abrindo o caminho reservado para você que é uma pessoa escolhida.

Gálatas 5:16-23

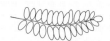

NOSSAS VIRTUDES NOS FORTALECEM

Um dos desafios do ser humano é caminhar à sombra de suas palavras. O mundo que habita dentro de cada um parece ser muito diferente do mundo que habitam. As virtudes relatadas na Bíblia regem sobre os temas: amor, alegria, paz, bondade, fé, mansidão, caridade e autodomínio. Simples assim, mas não tão fácil de aplicar. Talvez nossas dúvidas sejam nossa maior sombra, são elas que precisamos combater. São nossas virtudes as colunas da estabilidade de nosso templo. É nelas que devemos buscar as respostas e encontrar a verdade sobre nós mesmos. Não há vida dupla ou tripla para quem busca estar em acordo com os desígnios do universo. Falar uma coisa e fazer outra, pensar uma coisa e sentir outra, é reflexo de que um abismo está se formando em nossa alma e terá efeitos desastrosos em nossa vida.

Em suas virtudes estão suas dádivas divinas para o sucesso, explore-as ao máximo, seja você, esqueça o que venham a dizer sobre você, ninguém pode te tornar alguém pior na vida, a não ser você mesmo. Muitas pessoas abandonam suas virtudes com receio do que o mundo pensará delas, o que o mundo pensa de você não te faz melhor, o que você pensa de você é que te faz especial.

Caminhe por sua intuição, por seu senso de direção, por seus conceitos, por suas emoções e pensamentos, eles formam o conjunto de suas virtudes. *"Ora, eu digo, caminhai segundo o Espírito e não satisfazeis o desejo da carne"*. Mesmo que o mundo ou as pessoas te conduzam por leitos sedutores, mantenha seu curso em suas virtudes. Nem tudo que reluz é ouro e nem tudo que seduz é duradouro. Não tenha medo de deixar vir à tona suas melhores qualidades, sua melhor maneira de ver o mundo, seu jeito de viver e seus sentimentos mais sublimes. Não se importe com as críticas contra seu jeito de ser, isso é um sinal que você está indo além da fronteira dos comuns com suas virtudes.

Marcos 2:10

INVOQUE SEU
PODER

A palavra *"Poder"* é mencionada aproximadamente em 234 versículos da Bíblia, ela é a expressão divisora de águas para a conquista do sucesso. Digo sempre em minhas palestras que ela é o cajado com o qual Moisés tocou as águas do Mar Vermelho, é a extratora de nossas dádivas. Não devemos permitir sermos escravizados pelos mitos que nos afastam de sermos interessantes e singulares, os quais nos aprisionam com nossas qualidades no ideal do ego.

Os grandes feitos Bíblicos foram realizados por meio da invocação do "Poder". A única razão para invocar o "Poder" é porque ele está lá e foi feito para nos servir como filhos do criador. *"Ora, para que saibais que o Filho do homem tem na terra poder..."* Ao utilizar seu "Poder", Jesus demonstrou força e realizações sem igual na história da humanidade. Quem não tem "Poder" é porque não o invoca. Toda oração é uma invocação de "Poder", toda manifestação explícita de nossos anseios é uma invocação. Não fique no lamento: invoque soluções, insights, ideias, força, fé e tudo aquilo que precisa para sua vida. O universo é abundante de "Poder" a nosso favor, mas estamos sempre mais humilhados do que humildes para invocá-lo.

Ataque o pastor e as ovelhas se dispersam, invoque o "Poder" que lhe fora dado pelo Senhor e seus problemas se dispersarão, invoque o sucesso e ele chegará.

Somos vencedores ao nascer, mas nos tornamos perdedores ao viver, pela simples razão de abandonarmos essa força cósmica que é uma seara de potência máxima a nossa disposição. Perdemos muito tempo reclamando das coisas e de outras pessoas, quando deveríamos estar invocando o que é nosso direito. Pense mais naquilo que deseja e não naquilo que não gostaria que acontecesse na sua vida. O universo não sabe definir se o seu pedido é bom ou ruim, ele está lá para lhe atender e servir. Invoque coisas poderosas para sua vida e divida-as com as pessoas que ama, dando graça ao Senhor.

Mateus 4-11

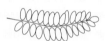

O FRACASSO É UMA ESCOLHA NÃO UMA DECISÃO

Em alguns momentos na vida em vez de tomarmos uma decisão fazemos uma escolha, é onde o fracasso toma a frente de nossa vida e a molda dentro de seus padrões limitantes. Nos tornamos alvos fáceis e vulneráveis quando isso acontece. Decidir é tomar as rédias de nosso destino, escolher é terceirizar as rédias de nosso destino.

O Monte Gjebel Qarantal, conhecido como Monte da Quarentena ou o Monte das Tentações de Jesus, no passado localizado no Vale do Jordão, junto à cidade de Jericó, foi onde Jesus logo após seu batismo por João Batista seguiu para se retirar em oração e jejuar por 40 dias, preparando-se para a missão que o aguardava. Neste local, Jesus foi submetido ao assédio do maior inimigo do ser humano, que o tentou das mais diversas maneiras, para fazê-lo abandonar seu destino e a fazer outra escolha. Assim é nossa vida todos os dias, as tentações estão aí sempre nos oferecendo outras escolhas e abandonamos nossas decisões, assim damos o primeiro passo para o abismo do fracasso, no trabalho, no amor, na família, na crença e na vida.

À Jesus por Satanás foram dadas várias opções de escolha, assim como desafios para provar sua ligação com Deus, mas Ele seguiu sua decisão, e assim o fez: *"Tornou Satanás a levá-lo, agora para um monte muito alto. E mostrou-lhe todos os reinos do mundo com seu esplendor e disse-lhe: – 'Tudo isto te darei, se prostrado, se me adorares'. Jesus responde: 'Vai-te, Satanás porque está escrito: Ao Senhor teu Deus adorarás e a ele só prestarás culto.'"* Imagine se Jesus tivesse cedido a escolha que lhe fora ofertada e não fosse fiel a sua decisão de servir a Deus.

Passamos por isto todos os dias, tentações nos rodeiam, tentam nos seduzir, nos afastando dos amigos, da família, dos nossos sonhos, da nossa crença e até mesmo de Deus. Você vai fazer uma escolha pelo Sucesso ou vai decidir pelo Sucesso?

CONHEÇA OUTROS LIVROS DA ALTA LIFE

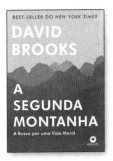

Todas as imagens são meramente ilustrativas.

CATEGORIAS

Negócios - Nacionais - Comunicação - Guias de Viagem - Interesse Geral - Informática - Idiomas

---

SEJA AUTOR DA ALTA BOOKS!

Envie a sua proposta para: autoria@altabooks.com.br

Visite também nosso site e nossas redes sociais para conhecer lançamentos e futuras publicações!

www.altabooks.com.br

ALTA BOOKS
E D I T O R A

/altabooks • /altabooks • /alta_books